廣論止觀初探

第三卷　學奢摩他法二　收錄範圍 0072－0108

出版緣起

　　至尊宗喀巴大師（1357 － 1419），依阿底峽尊者
《菩提道炬論》為基，著作了曠世巨著——《菩提道次第
廣論》（以下簡稱《廣論》），此論以三士道為架構，總
攝一切佛語扼要為一凡夫至成佛所應修持之道次第，並以
諸大經論為依據，引領志求佛道者依循三主要道——出離
心、菩提心、空正見，最終獲證無上菩提的果位。為令具
緣者獲得真實的饒益，宗喀巴大師在後二波羅蜜多開展出
〈奢摩他〉及〈毗缽舍那〉（即寂止與勝觀，簡稱止觀）
二章，篇幅足佔半部《廣論》，理路嚴謹、破邪顯正，闡
揚諸大教典清淨的見地，足見大師深廣的悲心與智慧。

　　恩師上日下常老和尚（1929 － 2004），深見《廣論》
教授之殊勝，首於 1988 年圓滿講述《廣論》160 卷錄音
帶，然而對於止觀章，老和尚當年僅簡要開示，然因眾弟
子因緣尚不成熟，始終未能廣講。

　　真如老師曾從任杰老居士聽聞《四百論》、《入中

論》等中觀論典；也在拉卜楞寺的洛桑嘉措上師座前聽受《略論・毗缽舍那》；在哈爾瓦・嘉木樣洛周仁波切座前分別求得《廣論》及《廣論・四家合註》的講說誦授傳承；也在哲蚌寺果芒僧院大格西功德海座下聽受《入中論辨析》等教授。日常老和尚數數讚許真如老師深體般若真義，於晚年將宣講《廣論》止觀章之重任囑咐老師。

2004 年來，真如老師謹遵師教，荷擔福智團體僧俗學修之重任，傳持老和尚依法調伏之宗風，並積極推動恭誦《大般若波羅蜜多經》，為修學圓滿教法累積廣大資糧。2018 年起，真如老師也帶領僧俗弟子重新深入《廣論》，開始宣講《廣海明月》，在老和尚所築構之深厚基礎上，數數策發弟子對般若空性的熾盛希求。

世間老病交煎、無常迅速的生命相狀，是老師的椎心之痛，全球嚴峻的大流行疫情，更顯生死之苦的難忍。宗喀巴大師於《緣起讚》中說：「世間所有諸衰損，其根乃為無明暗，由何觀照能還滅，是故宣說緣起法。」因此，痛苦越是劇烈，老師宣講止觀的心意也越發熾烈。

　　在 2020 年 10 月 15 日——日常老和尚圓寂 16 週年的紀念日，真如老師正式開講「廣論止觀初探」。老師懷著潔白清淨的悲心，精勤研閱止觀的教授，嚴格遵循《廣論・四家合註》及五大論等教理，詳思審度、殫精竭慮，力求傳遞清晰正確的義理，只為以空性這帖不死的甘露藥為饋贈，徹底醫治天下生老病死。

　　真如老師以每週一次線上影像檔的方式，帶領僧俗弟子逐字逐句研討《廣論》止觀章，將法義巧便送入所化機心中。諄諄教誨有如盞盞明燈，指引學人避開斷常二邊的險崖，遠離錯謬見解的溝壑。老師亦時常鼓勵弟子珍惜善根、發歡喜心堅持學習，即使甚深空性的天空廣袤地令人望而生畏，但是依著善知識的引領，具信的弟子們也能乘著強大的信心之風，如雄鷹般翱翔於無邊的正理蒼穹。

　　應世界各地學人的希求，弟子們將開示輯錄成冊，正式付梓，願令學法道侶喜沾甘露法語之潤澤，同受無垢正理之救怙，直趣無上菩提之正道。

祈願正法久住，善士久住！

祈願世界和平，眾生安樂！

祈願全人類早日穿越疫情的苦痛，安康吉祥！

大慈恩譯經基金會　謹識

編輯凡例

一、《廣論止觀初探》收錄真如老師於 2020 年 10 月
　　起，開始講授《菩提道次第廣論》之〈奢摩他〉及
　　〈毗缽舍那〉之開示。由弟子們錄影、整理文稿，各
　　講次均按順序編號，並標記各段落影音檔之時間點，
　　便於讀者相互查閱。各講次雖為真如老師於不同時間
　　所錄製而成，然內容實為相互連貫。

二、本書引用之《菩提道次第廣論》原文，根據大慈恩．
　　月光國際譯經院於《菩提道次第廣論四家合註白話校
　　註集 5．奢摩他》（台北市：福智文化，2021）所改
　　譯之版本。與法尊法師譯《菩提道次第廣論》原文略
　　有差異，為令讀者易於參照，故於書前附上改譯版
　　本，並於各講第一頁標示奢摩他校訂本與福智第三版
　　之頁數與行數。

三、本書所引《菩提道次第廣論》原文以及其他經典，皆
　　採**黑色粗楷體**。《菩提道次第廣論》科判以**黑色粗
　　明體**呈現。真如老師講授文字以黑色細明體呈現。

四、《菩提道次第廣論四家合註》之四位祖師箋註分別為
　　巴梭法王箋註、妙音笑大師箋註、語王堅穩尊者箋

註、札帝格西箋註。在本書中巴梭法王箋註以紅字呈現，並於每段箋註前標上小字的㊫；妙音笑大師的箋註，其箋註以藍字呈現，並於每段箋註前標上小字的㊝；語王堅穩尊者箋註以綠字呈現，並於每段箋註前標上小字的㊞；札帝格西箋註只註解毗缽舍那的部分，其箋註以褐字呈現，並依藏文母本不作標記。

五、本書所列之章節、標題為編輯所加入，旨在幫助讀者易於分辨、理解正文及引用經文。

六、真如老師開示時，於語句中未明示，但以手勢表達意涵者，為使文意清晰，會在原文後插入（ ）內容，加以註解。

七、本書附錄講次與廣論段落對照表，以表格整理講次、章節、標題、影音檔長度及廣論段落，便於讀者學習時查閱。

八、每一講次前皆附上該講次影音檔 QR code，以利讀者掃描至大慈恩譯經基金會（https://www.amrtf.org）之〈廣論止觀初探〉課程網頁，學習每一講開示。

九、本書雖經反覆審校，然詞義舛誤，掛一漏萬之處難以避免，懇請博雅碩學，十方大德不吝斧正是幸！

目錄

第三、注所緣後應如何修，分二：︹有沈掉時應如何修；︺離沈掉時應如何修。初又分二：︹修習對治不知沈掉；︺修習對治知已不為斷彼勤加功用。初又分二：︹決擇沈掉之相；︺於正修時生覺沈掉正知之方便。今初：

掉舉，如《集論》云：「云何掉舉？淨相隨轉貪分所攝，心不寂靜，障止為業。」此中有三：︹所緣，可愛淨境；︺行相，心不寂靜，向外流散，是貪分故，愛相趣境；︻作業，能障其心安住所緣。於內令心繫所緣時，由貪色聲等之掉舉，令無自在於彼等境牽心散亂。如《悔讚》云：「如緣奢摩他，於彼意數注，離彼惑索者，貪繩牽趣境。」問：若爾，由餘煩惱從所緣令心散逸，即此流散及於所餘善緣流散，是否掉舉？答：掉是貪分，由餘煩惱散逸非掉，是二十隨煩惱中散亂心所。於善緣流散，隨其所應是善心、心所，一切流散非皆掉舉。

沈者，眾譯亦作「退弱」，與喪心志之退弱不同。

於此沈相，現見雪山聚中修靜慮者，將於餘境不流散住，相不明澄昏沈之心，許之為沈。此不應理，論說昏沈為沈沒因，二各別故，《修次中篇》云：「此中若由昏沈、睡眠所蔽，見心沈沒，或恐沈沒。」《解深密經》亦云：「若由昏沈及以睡眠而致沈沒，或由隨一三摩缽底諸隨煩惱之所染污，當知是名內心散動。」此說由昏沈及睡眠力，令心沈沒，名內散亂故。《集論》亦於說隨煩惱散亂之時，說其沈沒，然彼說散亂亦有善性，非定染污。

是故昏沈，如《集論》云：「云何昏沈？謂癡分攝，心無堪能，與一切煩惱及隨煩惱助伴為業。」是癡分中身心沈重無堪能性，《俱舍釋》云：「云何昏沈？謂身重性及心重性，即身無堪能性及心無堪能性。」沈沒，謂心力緩執所緣之執取相，不極明現所緣，或不堅持。故雖有澄淨分，若所緣執取相不極明顯，即成沈

沒，《修次中篇》云：「若時如盲，或如有人趣入闇室，或如閉目，其心不能明見所緣，應知爾時已成沈沒。」未見餘論明說沈相。沈沒有二，謂善與無記。昏是不善，或有覆無記，唯是癡分。諸大經論皆說除遣沈沒，須思佛像等諸可欣境及修光明相高舉其心。故心闇境晦及心執取相低劣皆應滅除，雙具所緣明顯與執持緊度，唯境明顯及唯有境澄分非為完足。掉舉易了，然於沈沒，現見堪為依據諸大教典多未明辨，故難了知。然見極為重要，以見於此誤為無過等持為大謬處。應如《修次》所說，從修驗上，細心善觀而求認識。

生覺沈掉正知之方便者：非唯了知沈掉便足，須於修時能生正知，如實了知沈沒、掉舉生與未生。又由漸生有力正知，故於沈掉生已無間，即能生起識彼正知，固不待言，縱實未生而將生時，亦須生起覺了正知，《修次》中、下篇云：「見心沈沒，或恐沈沒。」又云：「見心掉舉，或恐掉舉。」乃至未生如斯正知，縱自斷言「從彼至此中無沈掉，所修無過」，然非實爾，

以生沈掉亦不知故，有力正知未生起故。如是亦如《中邊論》云「覺沈掉。」謂覺沈掉須正知故。如是若未生起正知，凡生沈掉即必覺察，則雖久修，沈掉正生而不自覺，必以微細沈掉耗時。

若爾，正知云何生耶？答：前所開示修念之法，即一最要之因。以若能生相續憶念，即能破除忘境散逸，故能遮止沈掉生已久而不覺，遂易覺了沈掉。以覺失念時之沈掉，與覺未失時之沈掉，二時延促，環繞體驗觀之甚明。故《入行論》亦密意說：「住念護意門，爾時生正知。」《辨中邊論疏》亦云：「言『正知者，由念記言，覺沈掉』者，謂安住念，始有正知。是故說云：『由念記言。』」餘一因者，是正知不共修法，即令心緣天身等所取之相，或緣覺受唯知唯明等能取相，次如前說於修念中，相續偵察流未流散餘處，任持其心，應執此即將護正知扼要。

如是亦如《入行論》云：「數數審觀察，身心諸分

位，總之唯彼彼，是護正知相。」故此能生了知沈掉將生之正知，由修念法是遮散後所起忘念，是故應善辨別。若不爾者，將一切心混雜為一，不知分辨，如近世人修習而修，由混亂因，所修三摩地果恐亦如是。故應順一堪為依據大論，細慧觀察，修驗決擇，極為重要，不應唯恃耐勞。如《攝波羅蜜多論》云：「獨修精進自苦邊，慧伴將護成大利。」

　　第二、修習對治知已不為斷彼勤加功用：修習正念、正知之法，由如前說善修習已，生起有力正念、正知。由正知故，極細沈掉皆能覺了，無有沈掉生已不識之過。然彼二者生已無間，不修破除功用，忍而不起功用、不作行者，是三摩地極大過失。以若如是，令心成習，極難發起離沈掉定。故於沈掉生已不行斷除，應修對治名曰「作行、功用」之思。

　　此中分二：一、正明其思，滅沈掉法；二、明依何因而生沈掉。今初：

　　如《集論》云：「云何為思？令心造作之意業，於善、不善、無記役心為業。」應如是知。此復如由磁石力故，令鐵轉動不得自在，如是於善、不善、無記隨一，令心策動之心所者，是名為思。此中是明沈掉隨一生時，令心造作斷彼之思。

　　若爾，如是為斷沈掉，發動心已，當如何修滅沈掉理？心沈沒者，由太向內攝，失所緣之執取相，故應於彼作意諸可欣事，能令心意向外之因。此復如極端嚴佛像，非生煩惱可欣樂法。又可作意日光等諸光明相狀。沈沒除已，即應無間堅持所緣執取相而修。如《修次初篇》云：「若由昏沈、睡眠所覆，執持所緣不顯，心沈沒時，應修光明想，或由作意極可欣事佛功德等，沈沒除已，仍持所緣。」此不應修厭患所緣，厭患是心內攝因故。又以觀慧思擇開衍樂思之境，亦能除沈，《攝波羅蜜多論》云：「由勤修觀力，退弱則策舉。」沈沒或退弱者，謂所緣執取相力漸低劣，故名「沈沒」；太向內攝，故名「退弱」，故由策舉持力及廣開所緣即能除

遣。《中觀心論》云：「退弱應寬廣，修廣大所緣。」
又云：「退弱應策舉，觀精進勝利。」《集學論》亦
云：「若意退弱，應修可欣而令策舉。」諸大賢哲同所
宣說，故除沈沒最要之對治，謂思惟三寶及菩提心之勝
利，並得暇身大利等功德，須如睡面澆以冷水頓能清
醒。此須先於諸勝利品，以妙觀察觀察修之，令發覺
受。

又生沈沒所依之因，謂昏沈、睡眠及能生昏、睡之
心黑闇相，若修光明習近對治，依彼所生沈沒亦能不
生，生已滅除。《聲聞地》說，威儀應經行，善取明
相，數修彼相，以及隨念佛、法、僧、戒、捨、天六中
隨一，或以所餘清淨所緣真實策舉其心，或當讀誦顯示
昏沈、睡眠過患之法，或瞻方所及月、星辰，或以冷水
洗面等。

此復沈沒若極微薄，或唯少起，勵心正修心執取
相。見沈濃厚，或數現起，則應暫捨修三摩地，如其所

應修諸對治，待沈除已後乃修習。若見心取內觀外觀所緣相不明顯，心如暗覆之相，隨其厚薄，若不斷除而修習者，沈沒難斷，故應數數修能對治諸光明相。《聲聞地》云：「應以光明俱心、照了俱心、明淨俱心、無闇俱心正修止觀。如是汝於止觀之道修習光明想時，設有最初勝解所緣相不分明、光明微小，由數修習為因緣故，於其所緣勝解分明、光明轉大。若有最初行相分明、光明廣大，其後轉復極其分明、光明極大。」此說最初所緣分明者尚須修習，況不分明？應取何等光明之相，亦如前論說云：「應從燈明，或大火明，或從日輪取光明相。」如此之修光明相，非獨修習三摩地時，餘亦應修。

掉舉者，由貪為門，令心追趣色聲等境，此應作意諸可厭事，能令心意向內攝錄之因。以此息滅掉舉無間，於先所緣等引其心。《修次初篇》云：「若憶先時散亂、嬉戲等事，見心時時掉舉，爾時應當作意諸可厭事，謂無常等，由此能令掉舉息滅。次應勵力令心仍於

前所緣境無作用轉。」《中觀心論》亦云：「作意無常等，息滅掉舉心。」又云：「觀散相過患，攝錄散亂心。」《集學論》亦云：「若掉舉時，應作意無常而善息滅。」故掉舉太猛或太延長，應暫捨正修而修厭離，方至扼要；非是心一流散，即由攝錄而安住之。掉舉若未強力如許，則由攝錄流散，令繫所緣，如《攝波羅蜜多論》云：「若意掉舉時，以止理遮止。」經中說云：「心善安住。」《瑜伽》釋為掉舉對治。

總之說二：若心掉動，應於所緣善住其心；若沈沒時，於可欣境應善執持。如《聲聞地》云：「由是其心於內攝略，若已下劣，或恐下劣，觀見是已，爾時隨取一種善持淨相，令善執持，慶悅其心，是名善持其心。云何善住？即善持時，其心掉動，或恐掉動，觀見是已，爾時還復於內攝略其心，於奢摩他令善安住。」心掉動時，不應作意淨可欣境，以是向外散動因故。

第二、明能生沈掉之因者：《本地分》云：「何等沈

相？謂不守根門、食不知量、初夜後夜不勤修行覺寤加行、不正知住，是癡行性、耽著睡眠、無巧便慧，懈怠俱行欲、勤、心、觀，不曾修習正奢摩他，於奢摩他未為純善，一向思惟奢摩他相；其心昏闇，於所緣境不樂攀緣。」沈沒相者，於此應知是沈沒因。「懈怠俱行」者，通勤、心、觀。

又前論云：「何等掉相？謂不守根等四，如前廣說。是貪行性、不寂靜性、無厭離心、無巧便慧，太舉俱行欲等如前。不習精勤，未嫺善持，唯一向修；由其隨一隨順掉法親里尋等動亂其心。」掉舉相者，謂掉舉因。太舉者，謂於可欣境太執其心；與此俱行欲等四法，即如前說。

由是前說未修中間行持章中所示防護根門等四，於滅沈掉為要；復次，顯然由知彼諸因已，若勤遮滅彼等，於滅沈掉極為利益。故沈掉雖微，皆以正知覺了，沈掉若何悉不忍受，須畢竟滅。若不爾者，《辨中邊

論》說是名「不作行」三摩地過。故或念云：微細掉舉
及散亂等，於初時中斷亦不絕，故不應斷。於是捨棄。
又謂：彼等若無猛利、連鎖過長，則力微劣、短促，不
能造業，故不須斷。不為斷彼而起作行。此皆不知修習
清淨三摩地法，詐現為知，欺求定者，以其背離慈尊等
師，於修三摩地法決擇軌理。

如是滅沈掉時，亦多先為掉舉、散亂所障，故須勵
力斷彼。由此勵力便能止息粗顯掉、散，獲少住分，爾
時應當勵防沈沒。心中勵力防慎沈沒之時，又有較前微
細掉舉障礙安住，為斷彼故，又應策勵。掉舉退時，住
分轉增；爾時又有沈沒現起，故於斷沈又應勵力。總之
當從散、掉錄心，內繫所緣而求住分。隨生住分，即當
勵防沈沒，令發明晰勢力。此二輾轉修習無過勝三摩
地，不應唯於澄淨住分全無持力俱行明分而起希求。

第二、離沈掉時應如何修：如前所說，修習斷除微
細沈沒、掉舉，則無或沈或掉令不平等，心能平等運轉

之時，若功用行是修定過，於此對治應修等捨。如是亦如《修次中篇》云：「若時見心俱無沈掉，於所緣境心正直住，爾時應當放緩功用，修習等捨，是時欲坐幾時，即安坐之。」若爾，何為作行或有功用而致過失之理？此由於心掉則攝錄、沈則策舉而作修習，於一合適座中，自有成算沈掉不起之時，若仍如初勵防沈掉而修。如是行者，則如《修次》後二篇云：「心平等轉，若仍功用，爾時其心便當散動。」反成散亂，故於爾時應知放捨。此復是為放緩功用，非捨執取相力。故修等捨，非是一切無沈掉時，乃是摧伏沈掉力時；若未摧伏沈掉勢力，無等捨故。

設念：其捨為何？答：捨總有三：一、受捨，二、四無量之捨，三、行捨；此是行捨。此捨自性，如《聲聞地》云：「此中云何為捨？謂於止觀品所緣心無染污之心平等性、正直、自任運轉、適悅心、心堪能性，無隨功用行而捨。」應如是知。獲得此捨之時，修三摩地不起沈掉之際，令捨現前，安住不發太過功用。此所緣

相，如前論云：「云何捨相？謂由所緣令心上捨，及於
所緣不發所有太過精進。」修捨之時，亦如彼云：「云
何捨時？謂心於止觀品無沈掉時。」

　　如是引發無過三摩地法，此等是依慈尊所說《辨中
邊論》，如云：「依住堪能性能成一切義，由滅五過
失，勤修八斷行。懈怠忘聖言，及沈沒掉舉，不作行作
行，是為五過失。即所依能依，及所因能果。不忘其所
緣，覺了沈與掉，起作行斷彼，滅時正直轉。」其依住
者，謂為除障品發勤精進，依此而住，於此能生心堪能
性勝三摩地。此能成辦勝神通等一切義利，是神變之足
或是所依，故能成滿一切義利。云何能生此三摩地？謂
為斷除五過失故，勤修八行，從此因生。五過失者，謂
加行時，懈怠為過，於三摩地不加行故。勤修定時，忘
失教授是其過失，若忘所緣，心於所緣不能定故。已等
引時，沈掉為過，彼二令心無堪能故。沈掉生時，不作
功用是其過失，以此不能滅二過故。離沈掉時，行思是
過。沈掉二過合一為五，《修次》諸篇亦各分別說為六

過。此等對治為八斷行，其中對治懈怠有四，謂信、欲、勤、安。對治忘念、沈掉、不作行、作行，如其次第，謂念、覺了沈掉之正知、作行之思、正住之捨，此等前已廣說。

此即修定第一教授，故蓮花戒大論師於三篇《修次》，及餘印度諸大智者，皆於修定眾多章中宣說，《道炬論釋》亦於修止章中宣說，故見道次先覺亦皆說其粗概。然見樂修定者，猶未了知應如何修，故廣決擇。此乃一切以念、正知遠離沈掉，修三摩地心一境性教授所共，不應執此是相乘別法，非咒所須，以無上瑜伽續中亦說，是所共故。亦如《吉祥三補止‧初觀察第二品》云：「欲三摩地斷行成就神足，依離、依無染、依滅、正斷而轉，由彼欲故而正修習，非太退弱以及高舉。」於勤、觀、心三三摩地亦如是說。前說正定妙堪能性，是神變等功德所依，猶如足故名為神足。成就此定略有四門，謂由猛利欲樂所得，及由恆常精進所得，觀擇所緣得三摩地，名欲三摩地、進三摩地、觀三摩

地；若心宿有三摩地種，依彼而得心一境性，名心三摩地，此乃《辨中邊論疏》等所說。太退弱者，謂太緩慢；結合為「太高舉」者，謂太策勵，義為須離彼二而修。

《廣論》段落

‧《菩提道次第廣論‧奢摩他》校訂本（台北市：福智文化，2021）：P70-L6 ～ P90-L5
‧《菩提道次第廣論》第三版（台北市：福智之聲出版社，2010）：P365-L9 ～ P375-L6

廣論止觀初探

修習對治不知沉掉

講次0072
認識掉舉

　　大家好！又到了我們一起學習《廣論》的時間了，你們開心嗎？今天我們要開始學習「**注所緣後應如何修**」。請大家翻開《廣論》365頁倒數第5行，看科判，是個科判，有找到嗎？ 00'36"

> 第三、注所緣後應如何修，分二：一`有沈掉時應如何修；二`離沈掉時應如何修。初又分二：一`修習對治不知沈掉；二`修習對治知已不為斷彼勤加功用。初又分二：一`決擇沈掉之相；二`於正修時生覺沈掉正知之方便。今初：01'22"

　　之前提到我們修定的時候，設法把心安住在所緣境

《廣論》段落

奢摩他校訂本：P70-L6 ～ P71-L8 第三、注所緣後……非皆掉舉。
福智第三版：P365-L9 ～ P366-L4 第三住所緣後……皆是掉舉。

上，如果內心散亂忘失所緣，就是犯了第二種過失，對吧！就是忘失教授。忘失教授怎麼對治啊？回答：就必須以「正念」來對治。接著，心能安住在所緣境上，那麼又該注意哪些狀況呢？就進入第三科了，投注於所緣之後──注意！你的心已經有點力氣了，能投注所緣之後──你又該怎麼做呢？分為兩個大科：第一個是產生沉掉的時候應該如何做；第二是遠離沉掉的時候應該如何做。02'15"

那麼第一個又分兩個：依止不辨識沉掉的對治品；第二個是依止雖然辨識，卻不勤於斷除沉掉的對治品。那麼第一科又分兩科：抉擇沉掉的定義；第二是修持時產生了知沉掉的正知的方法。我們先來看第一科，請大家跟我一起看原文。「**掉舉**」，有看到字吧？02'50"

掉舉，如《集論》云：「云何掉舉？淨相隨轉貪分所攝，心不寂靜，障止為業。」 03'06"

看！這畫了掉舉的一個圖，所謂掉舉它到底什麼樣

呢？在《集論》中就有解釋了，《集論》中怎麼說？說：「什麼是掉舉呢？是指趣向於美好的行相，為貪欲分所含攝的什麼？內心不寂靜，它具有障礙寂止的這個作用。」看來這個掉舉可能會有點歡喜，對吧？但是這裡邊，趣向於美好的這個行相是貪分所攝的，它有一個壞作用，會破壞禪定。看接下來大師幫我們解釋這段文，往下看：「**此中有三**」，第一個──看書喔！04'03"

此中有三：一、所緣，可愛淨境；二、行相，心不寂靜，向外流散，是貪分故，愛相趣境；三、作業，能障其心安住所緣。於內令心繫所緣時，由貪色聲等之掉舉，令無自在於彼等境牽心散亂。 04'34"

解釋一下：這裡邊有幾個部分？有三個部分，一是「**所緣**」，這個所緣是悅意美好的對境；第二是「**行相**」，行相是內心很不寂靜、很躁動、向外流散，由於是貪欲的一部分，因此它是以貪愛的行相趣入對境；第三個「**作業**」，是指障礙內心會安住於所緣，我們得不到禪定。就是指我們的內心向內安住於所緣的時候，就會被

貪著色、聲等這些掉舉不由自主地牽到這些境界，造成散亂。為什麼不由自主呢？因為就串習成習慣了。05'26"

問大家一個問題：三摩地最大的障礙是什麼？沉、掉，對吧！那麼什麼叫掉舉？掉舉是心隨著可愛的、想要的、悅意的境轉了，對不對？所以是「**淨相隨轉**」。「**貪分所攝**」，掉舉是貪心的一部分。「**心不寂靜**」，就是掉舉讓我們的心無法安住也無法寂靜。它是「**障止為業**」，所以它的破壞作用就是障礙我們得到禪定。06'13"

好！我們再接下來，看文。06'20"

如《悔讚》云：「如緣奢摩他，於彼意數注，離彼惑索者，貪繩牽趣境。」06'34"

巴梭尊者在《四家合註》裡有解釋這個偈頌。《悔讚》是哪位祖師寫的，還記得吧？是月官論師所寫的。在月官論師所寫的《悔讚》中說：「越是緣著寂止，反覆地

將內心投注於那些所緣的時候，內心越是會從投注的那些所緣當中，不由自主地被許多種煩惱的繩索當中貪著對境或掉舉的繩索所牽引。」我們再往下看，接下來一個問題。07'19"

> **問：若爾，由餘煩惱從所緣令心散逸，即此流散及於所餘善緣流散，是否掉舉？** 07'34"

這是一個什麼問題呢？透過其他的煩惱而使內心從所緣流散至其他地方的流散，以及同樣流散至其他的善所緣，這樣是不是掉舉呢？接著大師回答，我們再往下看。08'00"

> **答：掉是貪分，由餘煩惱散逸非掉，是二十隨煩惱中散亂心所。於善緣流散，隨其所應是善心、心所，一切流散非皆掉舉。** 08'20"

這裡邊出現了好幾個詞，我們可以來學習一下。大師回答說：掉舉是貪欲的一部分，因此透過其他的煩惱而散

逸不是掉舉，而是二十種隨煩惱當中的散亂的心所。那麼流散到善所緣，要視情況都歸入善心或善心所，所以並非一切流散都是掉舉。08'54"

所以雖然「掉舉」跟「貪」的所緣都是悅意的境，對境的反應也很類似，但由於「掉舉」跟「貪」是不同的心所，所以還是有些差異的。「貪」是面對美好的事物的時候，被這個境吸引、吸住很難從中抽離的那種狀態；而面對悅意境生起貪念之後，那種美好的印象會植在內心裡，造成後面的注意力無法集中，所以心流散於那個悅意境的狀態，就是「掉舉」。那麼「散亂」是什麼呢？散亂是無法專注於任何境界，浮動散逸為行相的這個心所。09'46"

那現在出現幾個了？掉舉、散亂，還有什麼？流散，三者到底是有什麼不同呢？關係又是怎樣？掉舉一定是流散，流散不一定是掉舉。掉舉與散亂各別都是二十種隨煩惱其中的一種，掉舉跟散亂是不同的心所，彼此是相違的。那麼掉舉一定是貪分所攝嗎？一定是的！散亂卻不一定是貪分所攝，有貪、瞋、癡三分所攝的三種——因為有

可能是因為貪分而散亂，也有可能是因為瞋恨而散亂，也有可能因為愚癡而散亂。 10'33"

掉舉與散亂一定是煩惱，流散則包含了善心與善心所，不一定是煩惱。所以掉舉和散亂一定是不善與無記其中的一種，可是流散就包含了善、不善、無記三種。所以掉舉只會散亂於悅意的境，散亂則會散亂於任何境界，流散也會散亂於任何境界。這是作一個區分。 11'08"

今天就講到這裡。謝謝大家！ 11'11"

講次0073
辨明昏沉與沉沒

大家好！很高興又到了我們一起學習《廣論》的時間了。今天我們將繼續學習，請大家翻開《廣論》366頁第5行。我們一起看原文。準備好了嗎？ 00'28"

> 沈者，眾譯亦作「退弱」，與喪心志之退弱不同。於此沈相，現見雪山聚中修靜慮者，將於餘境不流散住，相不明澄昏沈之心，許之為沈。 00'52"

說「沉沒」，在各種翻譯當中也翻譯成「退弱」，這個退弱與灰心喪志的退弱並不相同。對於沉沒的定義，見到雪域群山中大多數的禪修者——為什麼是叫雪域呢？因為藏地被雪山環抱，所以稱藏地為「雪域群山」——這裡

《廣論》段落
奢摩他校訂本：P71-L9 ～ P73-L5 沈者，眾譯……明說沈相。
福智第三版：P366-L5 ～ P367-L1 沈者亦譯……明說沈相。

邊指藏地大多數的禪修者，都承許安住而不流散於其他的境界，沒有清晰澄明的內心昏沉為沉沒。沉沒它是跟那個沒有自信的退弱心是不一樣的。所以西藏的很多禪修者他就把昏沉認成是沉沒，這對不對啊？這是不對的。昏沉一定是染汙心，是隨煩惱之一；沉沒不同，沉沒包含了善與無記兩種。02'00"

有一些譯師把「沉沒」翻譯成「退沒」，但實際上內涵是相同的。由於多數的經論中沒有將「沉沒」定義清楚，所以許多人容易對此產生誤解，甚至將細分的沉沒與三摩地相提並論，造成了修行三摩地的嚴重障礙。最常見的是將「沉沒」與「昏沉」混為一談──心安住於所緣境的時候，雖然能保持專注，但內心昏昧不清的狀態就是沉沒。02'41"

我們再接著看，大師是怎麼破這個觀點的？ 02'48"

此不應理，論說昏沈為沈沒因，二各別故，《修次中篇》云：「此中若由昏沈、睡眠所蔽，見心沈

沒，或恐沈沒。」03'09"

這裡邊說：啊！藏地大多數的禪修者這個承許是不合理的，因為提到昏沉為沉沒的因，所以「昏沉」與「沉沒」這兩者是各不相同的。那昏沉與沉沒這兩者不相同，依據是什麼？因為《修次中篇》中說：「對此，如果見到被昏沉與睡眠覆蔽，以致於內心沉沒或者有沉沒的危險。」那麼再接下來：03'43"

《解深密經》亦云：「若由昏沈及以睡眠而致沈沒，或由隨一三摩缽底諸隨煩惱之所染污，當知是名內心散動。」此說由昏沈及睡眠力，令心沈沒，名內散亂故。04'07"

這段是《解深密經》。因為《解深密經》中也說：「如果由於昏沉與睡眠導致沉沒，或者由於任何等至的隨煩惱造成的染汙，這就是內在的心散亂。」《解深密經》的這段經文中有提到，如果由於昏沉和睡眠的力量導致內心沉沒，就是內在的散亂。這段《解深密經》的經文中所

說的「**三摩缽底**」是什麼呢？就是等至的意思；那「**隨一三摩缽底諸隨煩惱**」就是任何等至的隨煩惱，也就是障礙我們獲得等至的這種隨煩惱。04'50"

好！我們接著往下看，看《集論》，從這兒開始看。04'56"

《集論》亦於說隨煩惱散亂之時，說其沈沒，然彼說散亂亦有善性，非定染污。05'08"

那這段是什麼意思呢？說《集論》雖然在說隨煩惱的散亂的段落中也宣說沉沒，但是《集論》中那個段落中有說到六種散亂：自性散亂、外散亂、內散亂、相散亂、粗重散亂、作意散亂，這六種散亂中也有善法。所以《集論》中宣說散亂的段落時候所說的散亂，不一定都是染汙的，也不一定都是與煩惱相應的，也不一定是散亂。那麼在《修次中篇》還有《解深密經》中都有說到，從昏沉生起沉沒，所以昏沉和沉沒兩者間有沒有因果關係呢？有因果關係，所以是不一樣的。05'57"

在《集論》中宣說二十種隨煩惱當中的散亂的時候，也有講到散亂嘛！但是《集論》中的那個段落中所說的散亂包含了什麼？剛才講過包含了善法，由此可以知道沉沒也有善法。是這樣嗎？「沉沒」也有善法，細分的沉是善。那麼粗分的沉是什麼？是無記。至於「昏沉」就只有無記跟不善兩種，而且昏沉一定是煩惱，因此兩者並不相同。我們接著往下看：06'38"

是故昏沉，如《集論》云：「云何昏沉？謂癡分攝，心無堪能，與一切煩惱及隨煩惱助伴為業。」是癡分中身心沈重無堪能性，《俱舍釋》云：「云何昏沉？謂身重性及心重性，即身無堪能性及心無堪能性。」07'15"

那麼接著又要說經論中的依據——因此所謂的昏沉，在《集論》中提到：「什麼是昏沉？是指愚癡分所攝的內心不堪能，具有作為一切煩惱與隨煩惱助伴的這樣一個作業。」所以昏沉是愚癡的部分，一種身心沉重的不堪能，因為在《俱舍論釋》中說：「什麼是昏沉？是指身的粗重

與心的粗重，也就是身的不堪能與心的不堪能。」我們再往下看，再看「沉沒」：08'03"

> 沈沒，謂心力緩執所緣之執取相，不極明現所緣，或不堅持。故雖有澄淨分，若所緣執取相不極明顯，即成沈沒，《修次中篇》云：「若時如盲，或如有人趣入闇室，或如閉目，其心不能明見所緣，應知爾時已成沈沒。」未見餘論明說沈相。08'45"

注意！這一段是「沉沒」，所謂沉沒是什麼？是指內心鬆懈了執取所緣的這個執取相，因而不再極其清晰或牢固地執取所緣。所以即使具有澄明的部分，但是如果已經沒有了極其清晰的所緣執取相，就會成為沉沒。因為在《修次中篇》中說，注意聽！注意聽！在《修次中篇》中說：「何時有如天生的盲者，或者如同有人處在黑暗當中，或者就像閉上雙眼一般，當內心無法清晰地看到所緣的時候，應當了知那個時候已成為沉沒。」在其餘的諸大教典中，沒有見到過明顯指出沉沒的定義。09'42"

　　那問大家：在《集論》和《俱舍論釋》中，把「昏沉」歸類在貪瞋癡的哪一個煩惱裡邊？愚癡中，對不對？那它會造成身心的什麼狀態呢？身也沉重、心也沉重。可以自由地修善法嗎？不可能！無法隨欲自由地修善。那麼「沉沒」的狀態，就是心在執取所緣境的時候力道弛緩，鬆弛了，導致無法清晰地顯現對境，或者即使能夠清晰顯現，但是因為執持的力弱了，導致明分無力。所以前者雖然有住分，但是沒有明分，是粗分的什麼？沉沒。那麼後者則是住分、明分都有，但是因為沒有明分力，就是明分無力，所以它歸類為細分的沉沒。注意！「沉沒」有粗和細。10'42"

　　《修次中篇》又提到一個譬喻，記得啊？就像一個盲者，還形容說進入了一個暗室，或把雙眼閉上，那就無法清晰地看到外境了。在修三摩地的時候，假使無法清楚地呈現所緣的這個影像，已經出現不了了，自己應該知道就是已經處在沉沒的狀態中了。這一段讓我們認識什麼叫作沉沒，對吧？所以宗大師給我們列舉完這些，說：除此之外，在其他經論中沒看過比這個更清楚介紹沉沒的依據

了。11'25"

　　這個很美吧！這些三摩地的障礙，在這中間像畫像一樣都給它們畫了。像我們修定的時候要緝拿這些煩惱：看看這個昏沉長什麼樣子呀？沉沒長什麼樣子呀？乃至粗的和細的有什麼差別？然後我們先去聽聞經典上怎麼講，慢慢地再去觀察，內心如同經典上講的這種狀態現起的時候，要怎麼樣去辨識它，乃至對治它。能學到這麼鉅細靡遺的這樣一個教授，有沒有很開心呢？很稀有喔！ 12'11"

　　一旦我們了解這麼細膩的教授，在座上修的時候，我們就能夠根據這些教授清晰地判斷：這是誰、這是誰、這是誰……，它來了要怎麼對治，乃至對治到什麼程度又應該怎麼對治。所以一環扣一環、一環扣一環，這樣的話，會把如何去修定的教授，哇！全部都躍然紙上。希望大家能夠生歡喜心啊！記在心上，一定要發願依教修！這麼清晰、完備的教授，依照它就能夠修成禪定；有了禪定的有力手臂，我們有一天就可以去觀修空性，就可以斬斷生死輪迴的根本，乃至希望能夠幫忙一切有情斬斷苦惱的這個輪迴，所以這是一件多麼值得的事情！謝謝大家！ 13'20"

講次0074
認識沉沒

　　大家好！又到了我們一起學習《廣論》的時間了，你們有殷重發心吧？今天我們再探討一下關於沉沒的因。00'26"

　　語王尊者在《四家合註》裡邊有解釋，他（語王尊者）的上師說的，他說上師說：「沉沒的因，第一個是由於鬆懈了內心的執取相，導致內心的勢力趨於低弱。」這句話是什麼意思？就是我們內心執取所觀修的相的力量變弱，然後導致沉沒。「第二是由於睡眠、昏沉等因素，而使內心猶如黑暗籠罩一般，對境界不清晰。」這個很清楚，就不需要解釋。「第三個，由於內心過度地向內收攝於所緣。」就是過度了。01'23"

《廣論》段落
奢摩他校訂本：P73-L5 ～ P73-L8 沈沒有二……非為完足。
福智第三版：P367-L1 ～ P367-L3 沈沒有二……非為完足。

這三個因介紹完了之後，接著就開始講：用什麼樣的方法，對治這三個沉沒的因呢？01'34"

首先第一個，「對佛陀的身像生起信心，還有思惟暇滿的功德，讓我們的內心振奮，這個就是第一點的對治。」第一點的對治是什麼？由於鬆懈了內心的執取相，導致內心的勢力趨於低弱，就要這麼對治。那麼第二個是「由於睡眠、昏沉導致的沉沒」，怎麼對治呢？「修持光明想」。這個以後也會介紹到，比如說日月的光明、燈的光明等等，還有佛身的光明。第三個是「廣大地發起所緣，然後以分別觀察的智慧進行觀擇等等，這是第三者」，也就是內心過度向內收攝於所緣導致沉沒的這個對治。02'31"

為什麼還要「反覆地修持光明」呢？因為「對於某一類修行者，他在上座修持所緣的時候，會面臨著有如黑暗籠罩一般都不清晰，對於這類的修行者而言，修持光明或光的相狀是極其重要的」，就是說是必須的。「即使不是如此，如果能夠反覆地修持光明，對一切所緣的明分都有很大的幫助。」有注意吧！你的狀況不是那樣有黑暗，但

是如果你能反覆地修持光明，那麼對一切所緣的明分都會有很大的幫助。03'28"

我們總攝一下：沉有三種原因，對吧？三種原因各有它們的對治法，上面我講完了。03'39"

那麼接下來請大家翻開《廣論》367頁第1行，請大家跟我一起看原文。有看到嗎？03'51"

> 沈沒有二，謂善與無記。昏是不善，或有覆無記，唯是癡分。諸大經論皆說除遣沈沒，須思佛像等諸可欣境及修光明相高舉其心。故心闇境晦及心執取相低劣皆應滅除，雙具所緣明顯與執持緊度，唯境明顯及唯有境澄分非為完足。04'44"

這一段在說什麼？還是在討論這個沉沒。沉沒有兩種，有「**善與無記**」兩種；昏沉是「**不善**」與「**有覆無記**」其中的一種，並且只會是愚癡分。所以沉沒與昏沉是不同的，注意！沉沒與昏沉是不同的。諸大教典中也有

提到：要消除沉沒，怎麼樣啊？必須心想佛陀身像等歡喜的對境，以及修持光明來振奮內心。因此，遮止內心有如黑暗籠罩一般地對境界不清晰，以及心識的執取相趨於低弱以後，必須一併具足所緣清晰與執取相狀態的牢固程度；如果只有對境清晰與有境的澄澈、澄淨分是不夠的，缺了什麼？缺了抓緊、力度。06'01"

在這裡面不知道你們有沒有一個問題，就是「有覆無記」和「無覆無記」。這個在《廣論》裡有講。從體性來說，「沉沒」有善和無記兩種——現在是先一個大科，沉沒分兩個，有善和無記兩種狀態；「昏沉」一定是不善與有覆無記其中的一者，屬於愚癡分。沉沒中先把昏沉列出來，所以昏沉與沉沒兩者不應該混為一談。其中「有覆無記」又稱為染污無記，它是與煩惱相應的。與煩惱相應會怎麼樣呢？障蔽聖道，因此被稱為「有覆」——蓋住的「有覆」；雖然是這樣，但不至於引生異熟的苦果，不是不善法，所以是無記法。07'02"

接下來複習一下「無記」的概念，看你們在《廣論》

裡能記住多少，什麼是無記呀？無記的「記」怎麼解？就是記別、授記。那麼此處的「授記」，是佛陀在經典裡給某一位菩薩多久可以成佛的那個授記嗎？不是的！此處的「記別」可以理解為說明，但是無論是藏文還是漢文，都用記別這個詞。關於無記：佛陀在經典中，沒有說明這個法會感得樂的異熟果、還是苦的異熟果，這樣的法就是無記法。07'49"

　　無記可以分為幾種啊？可以分為兩種。哪兩種？有覆無記與無覆無記。那麼「有覆無記」的特色是什麼？它是與煩惱相應的無記，例如色界與無色界的貪煩惱，由於它是上界的煩惱，所以是「無記」；由於與煩惱相應，所以它是什麼？它是「有覆」。那麼關於「無覆無記」，與有覆無記正好是反的，它與不與煩惱相應啊？不與煩惱相應的無記是無覆無記。注意！不與煩惱相應的無記是什麼？無覆無記。那舉例子，比如說外在的器世間，或者我們在非善非惡的狀態下進行的行、住、坐、臥這些威儀等等，這些都是無覆無記。08'56"

　　學了上面之後，如果我們以後探討起修禪定，大家就會提到要對治沉沒，對吧？那麼要消除沉沒，大家首先要想到什麼啊？諸大教典中那個教誡是什麼？怎麼樣消除沉沒的？現在我講完了一遍，心裡有沒有一點印象？ 09'24"

　　在諸大教典中提到要消除沉沒的話，是必須心要想著佛陀身像等歡喜的對境，還有修持光明振奮內心，有注意到吧！這個沉沒是要歡喜的力量來對治它。那麼歡喜的力量，來自於我們心想佛陀身像，還有很多光明，來讓我們的心振奮，它一定要對治。因此遮止內心猶如黑暗籠罩一般對境界不清晰，以及心識的執取相慢慢、慢慢低弱了之後，必須一併要具足這個所緣行相——比如說我們觀想佛像——一定要具足清晰還有執取狀態的牢固；你雖然很清晰，但是你的心和這個所緣境的鬆散，或者力氣變得有點弱都是不行的。只有對境清晰還有非常地澄明，比較寧靜，那還是不夠的，還是要有力道。 10'35"

　　那這個教誡怎麼用呢？就比如說我們上座在修三摩地的時候，修一修會發現：內心開始變昏暗了，好像白天過

了到黃昏一樣，非常昏暗，無法清晰地顯現我們觀修的，比如說佛像開始不清楚了，或者內心沉重，就像我們說「重重的」。「重重的」就是你好像無力，導致執持這個對境好像手抬不起來的感覺，就是我們執持對境的力道減弱了。一旦發生這種相狀，絕對不能不理它，就昏昏沉沉、暗沉地坐在這兒，甚至睡著了，這絕對是不可以的！不能置之不理，因為置之不理就犯了一個問題，心隨著那個昏沉走了。怎麼辦啊？一定要現起對治，正確的、清晰的傳承教授是一定要現起對治！ 11'41"

注意喔！這個時候心裡是暗沉、暗沉的，它已經沒有力道了，所以要現起對治的時候，你是會有點吃力的，但是一定要現起對治！要努力、再努力，讓心再回到呈現具力明分的狀態，必須用積極的心態改善這種昏暗的狀況，是不能忍的！一出這種狀況，啊！糊裡糊塗地混成一團，繼續這樣混混沌沌地上座是不行的。12'12"

再問一下：在諸大經論中對治沉沒，方法是什麼？你們可以答上來吧？諸大教典中說，要消除沉沒必須心想佛

陀身像等歡喜的對象，還有什麼？還要修持光明振奮內心。那麼哪兩種狀況要起對治？第一，猶如黑暗籠罩一般對境界不清晰；第二，沒有這麼黑喔！是心識的執取相趨於低弱，心執取所緣的力量不足的時候，這時候必須起對治。怎麼樣啊？緣佛像及光明想。那麼我們修奢摩他正確的標準應該是怎麼樣的？必須——注意——一併具足所緣一定要清晰與執取狀態的牢固程度，只有對境清晰與澄明的部分是不夠的！ 13'13"

那大家有沒有問題：為什麼思惟佛像和可欣境，以及修習光明想，可以令心高舉呢？你們有沒有這種經驗啊？想一想應該是有經驗吧！比如說我們心裡沉沉的，或甚至有點傷心，那你可以想一些高興的事；還有的人心力低沉的時候就昏昏欲睡，但是一旦發生一件非常振奮的事情，我們就心力大振、睡意全無。有沒有注意到？它那個心識跟它的對治，是有著一個相反的作用，你一個對治法出去之後，一種狀態就消失了，出現另一種狀態。 14'00"

觀想佛像、思惟佛陀的功德，你們現在能生歡喜心

吧？如果生不出歡喜心，怎麼可能學到現在啊！對不對？
所以要繼續努力地生歡喜心。這個在皈依三寶佛陀的功德
裡邊，大家要反覆地去思考，最好牢記佛陀的功德。這個
在修止的時候可不可以用得上啊？完全是可以用得上的！
14'32"

想一想：我們聽聞的時候、思的時候和修的時候都離
不開佛陀的加持，當我們虔誠地憶念佛陀，在解決沉沒這
個障礙的時候有佛陀的守護和加持，大家有沒有很開心
啊？有沒有信心一定可以消除這種修習三摩地的障礙？佛
陀一路相伴，我們要好好地修持我們的信心。15'05"

今天就講到這兒，謝謝！15'07"

講次0075
從體驗上細心覺察沉掉

大家好！很高興又到了我們一起學習《廣論》的時間了，你們準備好了嗎？殷重發心！請大家翻開《廣論》第367頁第4行，請大家跟我一起看原文。能專注嗎？要把心靜下來。原文：00'40"

> 掉舉易了，然於沈沒，現見堪為依據諸大教典多未明辨，故難了知。然見極為重要，以見於此誤為無過等持為大謬處。應如《修次》所說，從修驗上，細心善觀而求認識。01'10"

那麼這一段是說什麼呢？掉舉是比較容易了解的，然而發現在堪為依據的諸大教典中，沒有明確地辨識沉沒，

《廣論》段落
奢摩他校訂本：P73-L8 ～ P74-L5 掉舉易了……覺了正知，
福智第三版：P367-L4 ～ P367-L8 掉舉易了……預為覺了。

50

因此就難以了知；但是宗大師發現這是極其重要的，因為見到將沉沒誤認為沒有過失的等持這是極大的錯謬。因此宗大師叮嚀我們說：「應該細心地從體驗上，依照《修次第論》中所說的這個內涵，善加觀察而辨識。」這是非常重要的！ 01'52"

請問大家：在沉沒和掉舉中，哪一個是比較容易理解的啊？你們答對了嗎？是掉舉比較容易理解，對吧？那麼沉沒不容易了解的原因是什麼？是因為大師說：「**堪為依據諸大教典多未明辨**」，是吧？堪為依據的多數教典中沒有詳細地說明，所以不容易掌握。但是重要嗎？非常重要——掌握什麼是沉沒非常重要！ 02'24"

那如果不知道會怎樣嗎？會在修習三摩地的時候，有許多人將細分的沉沒誤以為是真實的三摩地，導致長時間地苦修最終卻一事無成。這個長時間的苦修有的時候是數十年啊！因此，要細心地依據教典——依據哪一部啊？《修次第論》——在實修中，在經驗上，注意！在經驗上去判別「沉沒的存在」與「沒有過失的三摩地的存在」這

兩者的差別性。03'08"

　　在理解昏沉和沉沒的時候，我問了一些人，有人會認為：「好像是昏沉比較輕，沉沒比較嚴重，沉沒有一點是所緣都不見了的感覺。」但是依據教典法相的辨別，昏沉是最嚴重的！有沒有發現？沉沒前面已經講過了。所以這一點，你要把心中的那個原來固有的認知更改一下，刷新！03'45"

　　「沉沒的存在」與「沒有過失的三摩地」這兩者差別是什麼？注意！「沉沒」是心緣境的時候，抓緊的力量不夠，或者看不清楚，所以境雖然澄明，但執持境的心卻沒有精神，提不起強大的心力，注意！這就是沉沒。另外，沉可以分為粗沉、中沉、細沉三種，粗分的沉沒是沒有澄淨分和明顯分；中品的沉沒是具有澄淨分，卻沒有明顯分，沒有精神；細微的沉沒是有澄淨分，卻缺少了少許的明顯分，就是力道不足，明分力不足。妙音笑大師在《色無色廣論》中說：沉的性相是，修持善法的時候，心明晰的力量退弱的心所內在散亂，就是沉。04'56"

沉沒的主要來源有幾個？兩種對吧？前面說過：第一種是內心有如黑暗籠罩一般對境界不清晰，第二種是心識的執取相趨於低弱，執取力不足。那麼去除沉沒有兩種方式：第一種光明想，第二種是提高自己的心力，也就是讓我們的心變得更有精神，斷除沉沒。05'28"

關於掉舉，很多大經論中都有提到，經驗上也比較容易察覺，而細微的沉沒就比較難以了知，為什麼？看起來正念都在，看起來明分也在，彷彿沒有什麼事情。打個譬喻吧！當強烈的陽光透過玻璃照進室內的時候，我們定睛觀察，會突然發現室內有飄浮的塵埃，都有這個經驗吧？你在陰天或者夜晚的時候你是很難發現的，我們也很難想像自己是跟這麼多飄浮的塵埃一起共存。最重要的是什麼？是那道強烈的正知陽光照進來的時候我們才會發現，所以陽光要很強烈！ 06'21"

在前幾天我就一直在想：怎麼樣跟大家討論這個細分的沉？心裡也一直在祈求佛菩薩，說：我們用一個什麼樣的喻比較能夠容易體會？結果在某一天的早晨，原本是陰

天，我就走到窗邊，突然一道強烈的陽光好像噴進來一樣，瞬間我開始全部注意力都被窗外奪走了！然後在明亮的陽光下，定睛觀察，突然發現室內有飄浮的那種非常小的、被陽光照得很亮的塵埃，我當時心裡一喜：「哇！細分的沉、細分的沉！」我覺得我終於：「啊！細分的沉就是這樣，要把它對治掉！」07'18"

當時就用手抓一個、抓一個，可是太細了，一用力它就會飛。能徒手抓住細細的塵埃嗎？武林高手可以嗎？那麼一小顆、一小顆的，平常根本不注意的話，是不知道它的存在。比如室內灑水或者外面雨後，也還是會有細小的（塵埃），細小的（塵埃）還是很難清除。但是想要得到沒有過失的三摩地，善知識們成功了嗎？都成功了！所以只要正知的陽光夠烈，我們是可以發現細的沉；發現之後就要抓緊所緣，那個緊度恰巧可以對治細分的沉。怎麼辦啊？知道教授之後要練習、練習、再練習，直到成功！08'22"

好！我們接著往下看，看原文：08'27"

> **生覺沈掉正知之方便者：非唯了知沈掉便足，須於修時能生正知，如實了知沈沒、掉舉生與未生。又由漸生有力正知，故於沈掉生已無間，即能生起識彼正知，固不待言，縱實未生而將生時，亦須生起覺了正知，** 09'02"

先生起證知沉掉的正知的方法是什麼呢？注意！此處的「覺」字要怎麼理解呢？是覺察嗎？這個**「覺」**，藏文的直譯就是「證知」，證知就是證得、證達，不僅僅是認識、發現而已，而且必須是確定不疑的。所以我們在修定的時候要生起的正知，不僅僅是發現沉掉而已，而是必須要證知沉掉，必須什麼？確定不疑，可以看到它。09'42"

那麼**「生覺沈掉正知之方便」**是什麼呢？只有對於沉掉的理解夠不夠啊？是不夠的，還要實際操練啊！在修持的時候，必須能夠生起如實了知是否產生沉掉的正知。由於有力的正知是逐漸、逐漸、逐漸發起的，也就是它慢慢長大，所以要能夠生起在沉掉產生的當下就能發覺的正知，這點是必須的；而且還必須生起在即將產生、還沒直

接產生的這個時候，就能夠發覺的正知。即將產生、還沒產生什麼？沉掉，對不對？然後這個時候正知就發現了！10'42"

　　有沒有發現這一段裡反覆地出現「正知、正知、正知」？那麼，什麼樣的正知？必須能夠生起如實了知是否產生沉掉的正知。這個正知是看著什麼的？是看著有沒有沉掉產生，對吧？那麼請問這樣的正知是怎麼發起來的？是逐漸、逐漸發起來的！逐漸是什麼意思啊？就是日積月累，慢慢地一座法、一座法的這種時光，這種苦心、這種用功、經驗，累積出來的！所以這不能第一座就要求正知力都很透徹，不能急於求成，是逐漸養成的。那麼這樣的正知有力道嗎？是有的！是有力量的正知。請問力量要多強才夠？就是在生起沉掉的當下，它的敏捷度，比如說這個沉掉在這兒一生起，然後正知一下就抓住，立刻抓住它！立刻發現！所以它的柔韌度是相當好的。12'10"

　　那麼這個正知能夠收拾當下的沉掉，還能看什麼？還能看正在醞釀的，對不對？它就有一種像望遠鏡一樣的功

能，對於遠遠地走來還沒有現行的這種沉掉、在醞釀中的沉掉，彷彿像千里眼一樣，這樣子一照就照到了！對不對？發現：「嗯，有沉掉在醞釀！」正知就發現了！這個正知厲害吧？是能夠練出來的！ 12'49"

那麼在沉掉即將產生，還沒有直接產生的時候立刻發現，那個有力的正知太強大了！現在屬於我們嗎？不屬於，還沒練出來！但是我們已經知道在經典中佛菩薩已經講了，我們已經知道要修成奢摩他，這樣有力的正知是一定要出現的！也知道透過清淨地修奢摩他的方式，能不能練出來？它一定會被我們練出來的！所以你們要不要加油啊？一定要加油！我們要一起努力！ 13'30"

謝謝！ 13'31"

講次0076
沒有正知則無法覺察沉掉

　　大家好！很高興又到了我們一起學習《廣論》的時間了，有準備殷重發心了吧！那麼和我一起翻開《廣論》367頁第8行，請大家跟我一起看原文：00'33"

　　《修次》中、下篇云：「見心沈沒，或恐沈沒。」又云：「見心掉舉，或恐掉舉。」乃至未生如斯正知，縱自斷言「從彼至此中無沈掉，所修無過」，然非實爾，以生沈掉亦不知故，有力正知未生起故。01'07"

　　因為《修次》後二篇中說：「如果見到內心沉沒，或擔心有沉沒的危險。」以及「見到內心掉舉，或擔心有掉

《廣論》段落
奢摩他校訂本：P74-L5 ～ P74-L10 《修次》中、下……沈掉耗時。
福智第三版：P367-L8 ～ P367-L11 修次中下……沈掉耗時。

舉的危險。」在還沒有生起這樣的正知以前，即使斷言：
「啊！從那個時候到此之間，生起了毫無沉掉的、沒有過
失的修行。」這也不是事實，因為即使產生了沉掉也不知
道、也沒法得知的緣故，這是因為並未生起有力正知。
01'53"

這裡面是說有個人斷言，對吧？請問：那個人斷言，
是在什麼樣的情況下斷言啊？是不是在還沒有生起這樣的
正知以前？那個人的斷言有沒有用呢？沒有用！因為它不
是事實。為什麼不是事實呢？因為他不認識事實。那麼這
個修行者不認識什麼樣的事實？有沉掉和無沉掉的差別。
02'23"

好！再問大家：為什麼會無法區分「有過失的三摩
地」和「沒有過失的三摩地」呢？你們的答案是什麼？因
為還沒有生起有力的正知，對不對？注意喔！不是並未生
起正知，而是還沒有生起有力的正知，就是還沒有生起有
力的正知。請問這有力的正知什麼樣子？在我們學的原文
裡有寫嗎？你們可以看一下書。能不能答出來啊？說：

「見心沈沒，或恐沈沒。」「見心掉舉，或恐掉舉。」
對不對？答對了嗎？那個時候他就看到了——「見」，
有個「見」字。那如果你沒答對，你別灰心！再多看幾
遍，因為我們剛剛學。03'23"

再注意！有力的正知。前一節課也提到，有力的正知
是很快生起的，還是逐漸生起的？逐漸生起。所以對此我
們透過聽聞了解定義是非常重要的！但是了解了之後，是
要在正修的時候能夠如量地生起這樣的正知，然後用這樣
的正知去察覺、證知。用這樣的正知去證知——注意！這
是不一樣的字——用這樣的正知去察覺、去證知有沒有生
起沉掉。另外，這個正知一定可以透過訓練來增加它的敏
銳度。04'17"

再細緻地分一下，比如說第一個階段，啊！我們上座
開始修奢摩他了，我們已經選好了一個善所緣，比如說開
始觀修佛像。開始觀修的時候這個心它不聽話，過一會兒
就走神了，然後過一會兒又覺得：「啊！不習慣。」又疲
累了。這種走神和疲累過了好久、好久還沒有被發覺，還

覺得是挺正常的，這就是還沒有生起正知，對不對？因為正知就是發現這種狀態不對，然後立刻調整。這即是從最初沉掉生起，一段時間之後才會發覺的那個正知，反應比較慢，但是已經生起了。因為沉掉生起一段時間之後，正知還是有發現，所以有正知了。05'21"

那麼這樣繼續修、繼續修，然後到第二階段。第二階段觀修佛像的時候，這個正知力逐漸、逐漸地變得強大，所以沉掉一生起，然後「嗯！」馬上就察覺了！「嗯！這是……」，它非常地機靈。比如說以掉舉為例，一走神，心剛一走神，然後正知一下發現，「嗯！」就抓回來了。所以這個正知如果是一雙眼睛的話，它已經明亮很多了，屬於活潑潑的那種正知。注意喔！這種正知也是經過逐漸這樣訓練的，不是天上掉餡餅，我們只負責張開嘴巴就可以了，它是要自己修練的！06'08"

那麼第三階段呢？可以答出來嗎？繼續練、練、練，第三階段就是到了沉掉即將生起之前就有感覺了：「欸！這個狀態，好像沉掉要生起了！」然後開始有警覺了！06'25"

　　大家會奇怪嗎？說：這是什麼狀態？其實打個譬喻也可以，比如說遠處有一條做咖啡的街，你遠遠地就會聞到咖啡的味道；像食物也是，你還沒有吃到，你會先嗅到了食物的味道。這個時候正知的嗅覺特別地靈敏、靈光，遠遠地就能感覺到：「啊！沉掉快來了。」然後立刻防範！厲害吧？所以我們的心透過修練，可以變得非常地靈敏和活潑，具有這樣的正知力。正知真是禪定的好朋友啊！對不對？沒有它是不成的。07'10"

　　我們接著往下講，請看原文，有找到行吧？ 07'17"

如是亦如《中邊論》云「覺沈掉。」謂覺沈掉須正知故。如是若未生起正知——凡生沈掉即必覺察，則雖久修，沈掉正生而不自覺，必以微細沈掉耗時。07'43"

　　上述在《辨中邊論》中也說——引經據典，說：「證知沉沒與掉舉。」提到要了知沉掉需要正知。接下來尊法師的這段譯文，大家可以讀，有可能會把它誤解成「如果

沒有生起正知，那麼只要沉掉生起就能覺察」，這種理解是錯誤的，在道理上也是講不通的，怎麼可能在沒有生起正知的狀態下，只要生起沉掉就能覺察呢？08'18"

這句話應該是換一種理解方式，藏文直譯過來它是：「如果不生起只要產生沉掉就不可能不了知的正知」。我會不會講太快？我再慢一點好了。「如果不生起只要產生沉掉就不可能不了知的正知」，意思是如果我們的心中沒有產生一種正知，這種正知什麼特色啊？只要產生沉掉就一定能了知的正知。如果我們心中沒有生起這樣的正知，接著會出現什麼狀況啊？「**則雖久修，沉掉正生而不自覺，必以微細沉掉耗時。**」縱使經過長時間的修行，連沉掉正在產生都無法察覺，就會在細分的沉掉中消耗時日。09'09"

這一段可以說：「啊，太寫實了！」對吧？我們修行人遇到的這個問題呀！那麼又回到了——什麼是強而有力的正知啊？就是在還沒有生起沉掉之前，已經有警覺的正知。比如說它什麼樣了？他說：「哎喲，我快要生起沉掉

了！」是這樣一種預感，一種自我的預感，因為他經驗太豐富了，訓練得太久，然後產生的這種預感，比如說天氣預報，在風雨來臨之前就知道。09'47"

　　但是他為什麼要強調是強而有力的正知呢？比如說就像一個觀測系統，如果你太粗疏的話，檢查不到細的信號──注意！細的信號會有隱蔽性喔！甚至是貌似沒事，沒什麼事，是不容易被發現的。那麼同理，強而有力的正知，覺察細分的沉掉；沒有強而有力的正知，就無法覺察細分的沉掉。最糟的狀況，如果沒有生起強而有力的正知，卻誤認為自己所修的三摩地完全正確、是沒有沉掉的，這樣的話就會隨著沉掉而轉，消耗時光，因為他根本不認識啊！所以他消耗了此生，甚至有的時候會產生誤解，以為他已經生起禪定，可是沒有，所以破壞了來生的利益。有沒有聽清楚？10'48"

　　我再說一遍，哪部論啊？《辨中邊論》中說：想要察覺沉掉要怎麼樣？必須具備正知。如果沒有訓練出強大的覺察力的正知，我們花費再多的時間修三摩地，也終究會

落入一種愚癡中、一種無知中。那麼這種無知是什麼？沒法辨識沉掉生起了嗎，還是沒生起？認不出來。認不出來的狀態下，就一定會被微細的沉掉影響，它會在其中混淆的，沒有辨析清楚。所以就有悲劇了！這個悲劇是什麼？就是你付出了長時間的苦修，可是有修成寂止嗎？修不成寂止，空耗時日！ 11'49"

所以我們學這一段，就是為了我們在座上修的每一分努力都非常地值得，因為我們行進在一個清淨的用功教誡這樣的修行路上，要絕對避免這樣的悲劇！所以大師的諄諄教誨，字字千金難買啊！對不對？難可值遇啊！學到這樣稀有的清淨傳承的教授，你們會好好珍惜吧？會想依教奉行吧？因為唯有依教奉行，才能令清淨的法流綿延不絕！我們才能以真實的修行來報師恩、報佛恩、父母恩，還有眾生恩！ 12'37"

今天就講到這兒，謝謝！ 12'41"

講次0077
生起正知的二種方法

大家好！又到了我們一起學習《廣論》的時間了，大家有沒有準備殊勝發心？一定要認真準備。好！請大家翻開《廣論》367頁倒數第2行，和我一起看原文。有找到行吧？00'32"

若爾，正知云何生耶？ 00'37"

我們心裡想了：那麼要如何發起這樣的正知呢？注意聽喔！注意聽！00'46"

答：前所開示修念之法，即一最要之因。以若能生相續憶念，即能破除忘境散逸，故能遮止沈掉生已

《廣論》段落
奢摩他校訂本：P75-L1 ～ P76-L2 若爾，正知⋯⋯護正知相。」
福智第三版：P367-L12 ～ P368-L5 正知云何⋯⋯護正知相。」

> 久而不覺，遂易覺了沈掉。以覺失念時之沈掉，與
> 覺未失時之沈掉，二時延促，環繞體驗觀之甚明。

01'22"

　　怎麼樣生起正知呢？宗大師回答說：「前面所說的維
繫正念的方法，就是一個最重要的因。」注意！維繫正念
的方法。「因為如果能夠生起持續的正念，就能阻止遺忘
所緣而散逸，所以就能夠遮止沈掉產生了很久，卻沒有辦
法覺察的這種很糟糕的狀況，因此容易證知沈掉。因為要
在正念退失的時候了知沈掉，與在還沒有退失的時候了知
沈掉，這兩者的時間長短，只要圍繞著經驗進行觀察就非
常清楚了。」這裡邊的「**環繞**」，藏文就是反覆地圍繞
著思考、觀察的意思。02'19"

　　有沒有發現？大家覺得大師的解答清不清晰？清晰
啊！我最初在看到這個正知是怎麼樣生起的時候，我幾乎
是屏息而讀啊！因為確實我有點害怕我的呼吸打擾了閱
讀，所以是非常非常珍惜地一個字、一個字看，生怕沒有
看清楚。02'50"

我們接著再往下看。02'53"

故《入行論》亦密意說：「住念護意門，爾時生正知。」《辨中邊論疏》亦云：「言『正知者，由念記言，覺沈掉』者，謂安住念，始有正知。是故說云：『由念記言。』」03'17"

基於這個用意，《入行論》中也說：「何時正念能為了守護心意之門而安住，那個時候正知就會出現了。」《辨中邊論疏》中也說：「所謂『如果不遺忘正念，正知便能證知沉沒與掉舉』，是指如果安住正念的話，就會有什麼？就會具足正知，所以提到『如果不遺忘正念』。」「由念記言」，這個「記言」是什麼意思？就是「不忘」的古譯。「由念記言」，藏文直譯為「若念不忘」，意思就是如果不遺忘正念、如果不忘失正念。就是提正念嘛！對不對？04'09"

問大家：如何生起正知啊？之前提到的「修正念法」，就是生起正知最重要的原因，對吧！如果長時間地

生起正念，能忘失所緣嗎？就不容易忘失所緣、產生散亂。因為他在一個高度的專注狀態下，在最短的時間內能夠知道沉掉已經生起，避免沉掉生起之後過了很久還沒有發覺——這是一種過失嘛！可以避免這種過失。因為在正念，注意喔！在正念退失後與正念還沒有退失前察覺沉掉，這兩者所需要的時間的長短是有非常大的差距！這個怎麼做？要觀察自己的心，反覆地觀察自己的經驗，才能夠清楚得知。《入行論》說什麼？說：「為了防護自心不要被煩惱入侵，必須先以正念安住白心，才能夠生起正知如理觀察。」05'13"

啊，重度昏沉！重度昏沉有如烏雲遮蔽天空，很像「烏雲壓城城欲摧」的這樣一個狀態。那麼用什麼去對治呢？就用光明和歡喜的力量退卻它，就像烈風掃蕩烏雲一樣。而微細的沉沒，看似風光明媚、無限的藍空，卻有絲絲的薄雲點綴。注意！此處的好像好看的薄雲，會被誤認為是寂止的這種薄雲，就是細分的沉沒。沒有過失的三摩地的要求，就是一絲雲都沒有的徹底無垠的藍空，這是靠強大的正知力、精進力，然後反覆地用功，才能鑄造的一

種禪定的美妙境界。06'02"

好！我們再往下看。06'05"

> **餘一因者，是正知不共修法，即令心緣天身等所取之相，或緣覺受唯知唯明等能取相，次如前說於修念中，相續偵察流未流散餘處，任持其心，應執此即將護正知扼要。** 06'30"

另一個因是維繫正知的不共方法，也就是內心緣著天尊身等所取的這個行相，或者緣著唯知唯明的覺受等能取行相，前面所說的那個依止正念的狀態中，持續地偵察是否流散到其他的地方而執持其內心，注意！這是維繫正知的關鍵。07'02"

那麼「**偵察**」是什麼意思啊？語王大師在《四家合註》裡有舉了一個譬喻，還記得嗎？就像在屋頂上佈哨，遠遠地就監視有沒有強盜，如果確定沒有就可以放鬆戒備；如果不確定有無，或者擔心還有強盜，就不可以放鬆

戒備。這個譬喻就是要說明正知的作用。為什麼要提高偵察的高度？因為只要還沒對治沉掉，就不可能有無過的三摩地，這件事一定要引起我們高度的重視！ 07'47"

「**所取之相**」是與「能取之相」相對而言，此處的「所取」是指境。這個「天尊身」是區分心識與境二者當中的「境」，所以緣著天尊身，就是緣著所取之相。那麼「能取之相」是與所取之相相對，剛才講過，此處的「能取」是指什麼？心識等有境。「唯知唯明的覺受」是區分為心識與境的兩者當中的「心識」，所以緣著唯知唯明的覺受，就是緣著能取之相。 08'32"

那麼修持正知的其中一個因是什麼？正念，對吧？努力生起這樣的正念。什麼正念呢？就是「我一定要記住這個境」，這樣可以幫助增長正知。增長正知的另外一個不共的因，就是緣取佛像等所取行相，或者緣取能緣的心──唯知唯明的覺受等能取行相。對這個所緣境，也是還要不斷地提醒自己：「我現在有沒有被沉掉所轉呢？我現在有沒有生沉掉？」一定要這樣地提醒自己。 09'13"

　　總攝一下：想要生起強而有力的正知，除了要以正念
作為基礎之外，不論是心緣著外在的佛身等所取行相，或
是緣著內在心識的體性——這個體性就是唯明唯知的覺受
等能取行相，無論是哪個都必須具備正念的情況，對不
對？在這樣的情況下，他要持續、持續地觀察自心是否生
起了沉掉？這個正知的工作就是像警察一樣，來回要看著
自心，藉此攝持自心，這是修學正知最關鍵的部分。
09'55"

　　語王大師在《四家合註》裡邊有解釋說：維繫正念的
方法，本身也是正知的因；而持續偵察內心是否流散，則
是正知的不共因。10'13"

　　我們接著再往下看，看書。10'19"

**如是亦如《入行論》云：「數數審觀察，身心諸分
位，總之唯彼彼，是護正知相。」** 10'34"

　　《入行論》中也說：「應當」——注意——「**數**

數」，「應當反覆、反覆地觀察身心的狀態」。注意喔！
你看看，他反覆、反覆地觀察，不是反覆觀察天氣、吃得
好不好、去哪玩……，都不是，已經不是這種狀態；我們
是反覆、反覆地觀察身心的狀態，這種觀察力已經全部從
外境挪到內心了。「總而言之，唯有這樣才是守護正知的
相狀。」有沒有發現他練的是一個別樣的功夫？跟我們那
個眼睛長在臉上一直四外看，它是完全不一樣的一個修
練！所以這個「正知」，就是經常觀察自己身心的現狀，
簡單說就是這樣的，這就叫正知。11'35"

　　注意喔！它這裡邊有「**數數**」，就是反覆、反覆地
觀察——像我現在坐在這裡，我就可以觀察我身心的一個
狀態——你就要反覆地觀察，常常地把自己的注意力收回
來去觀察自己。那有的時候也觀察，比如說所緣的佛像清
不清楚啊？觀察自己的內心的狀況對於所緣的執持度啊？
這個來回要觀察。這樣就是守護正知！12'12"

　　那我現在問大家：大家平常多半都是在這個守護正知
上練功夫嗎？還是在外境上流散？一觀察就很清楚了，我

們多半都是在外境上流散，只有很少的時間才會觀察內心。比如說學《廣論》的時候，我講了一段：「啊！請大家觀察自己的身心，觀察一下自己有沒有這樣的所破？有沒有這樣的邪執？」或者說：「師父所講的那種狀況，你有在自己的身心中發現嗎？」這時候大家會靜下來開始向內觀察，這個正知是一定要訓練的！它要經常地觀察自己身心的現狀。有沒有聽清楚？有沒有對用功的方向非常地確定——沒有什麼疑惑，就是這樣練的！只要你有一個身心，只要你沿著這樣的方式反覆地去觀察，我們的正知就會練得越來越厲害。13'15"

哇！非常期待我們都能修練出如經典上所說的這種正知。有沒有很想很想獲得這種正知？那就可以開始練！因為它是從觀察自己的身心，數數地觀察開始修練的，當下就可以練，對不對？比如說你自己觀察你有沒有生氣呀？有沒有生瞋恨啊？有沒有生貪心啊？還有注意力不集中，聽法的時候注意力不集中也是要數數地觀察。還有非理作意，這都是要數數觀察才能夠發現，所以正知隨時隨地都可以練。要知道正知是寶貝喔！練這個就像撿寶物一樣，

是非常非常值得花功夫訓練的。 14'06"

今天就講到這兒。你們累嗎？ 14'13"

下週見，謝謝！ 14'17"

講次0078
善加辨別正念與正知的作用

　　大家好！很高興又到了我們一起學習《廣論》的時間了！最近大家有預習吧？今天我們學習 368 頁第 5 行，就是《廣論》；在《廣論》的校訂本是在第 76 頁第 2 行。如果準備好了的話，就跟我一起看原文。看原文：00'48"

> 故此能生了知沈掉將生之正知，由修念法是遮散後所起忘念，是故應善辨別。若不爾者，將一切心混雜為一，不知分辨，如近世人修習而修，由混亂因，所修三摩地果恐亦如是。01'18"

　　那麼這一段是在講什麼呢？所以由此能引發正知了，

《廣論》段落
奢摩他校訂本：P76-L2 ～ P77-L1 故此能生……極大過失。
福智第三版：P368-L5 ～ P368-L11 由此能生……最大過失。

76

那這個正知是做什麼的？什麼樣的正知啊？在沉掉即將產生的時候，注意！是即將產生的時候便能覺察的正知。我再說一遍：在沉掉即將產生的時候便能夠覺察到的這種正知。01'54"

那麼接下來，什麼叫「**修念法**」呢？就是指我們的心透過依止正念的方法，能夠遮止散逸的這種像忘記了這種遺忘，就忘記所緣了，所以它這兩個必須善加辨別！那麼如果不這麼做的話，會怎樣呢？就是將這些心識全部混為一談、不知道分辨的話，大師說如同近代的修法一般那樣地修習。怎麼樣修習啊？透過混亂的因修持，三摩地的果恐怕也是如此的呀！02'40"

在這裡邊又再次地抉擇了一下正念和正知，那麼「正念」是什麼呢？就是要令心專注在所緣上，避免忘失所緣而產生的散亂；「正知」就是一定要觀察自心啊！觀察自心，檢視內心是否已經被什麼影響了啊？那兩個惡名昭彰的禪定的阻礙，就是「沉、掉」！觀察內心、檢視內心是否已經被沉掉所影響。這個是誰的作用？是正知的作用。

那麼由於正念、正知兩者的作用是不同的，所以在正修的時候，我們一定要仔細區分它們倆的差別作用。03'30"

好！我們接著往下看，有找到行吧？03'37"

> 故應順一堪為依據大論，細慧觀察，修驗決擇，極為重要，不應唯恃耐勞。如《攝波羅蜜多論》云：「獨修精進自苦邊，慧伴將護成大利。」03'59"

那麼要怎麼辦呢？所以要符順堪為依據的一部大論，以極其縝密的智慧觀察，透過行持、實踐來進行抉擇。注意！大師說：這是極為、極為重要的！不應該只是仰仗堅毅刻苦而已。為什麼要這樣呢？因為聖勇論師在《攝波羅蜜多論》中有一段話，巴梭尊者在《四家合註》上也有解釋，說：如果沒有智慧，只修持精進的話——注意——不會有長足的進展，所以只會是偏頗地自取勞苦，「**苦邊**」就是太過辛苦了；可是如果以智慧輔助精進的話，就會成就大的利益。04'57"

　　我們再觀察這一段，大家可以注意一下，是不是這一段講了一個非常非常重要的事情？這個重要的事情是：你很用功、你很堅毅刻苦，你是一個非常非常精進用功的人，只有這樣的精神夠不夠呢？是不夠的！為什麼呢？因為如果沒有智慧，只修持精進的話——注意後邊那個——很難有長足的進步。你想要有一個大的飛躍，是不太可能！05'27"

　　而且注意喔！這種不怕苦的精神還會成為一種偏頗的自取勞苦。這裡邊是不是有一種費盡千辛萬苦，卻難成大業的感覺？那麼在這裡邊到底缺了一個什麼畫龍點睛的東西呢？那一筆是什麼？就缺一個，注意！大師在此提醒我們什麼？要有一個符順堪為依據的一部論，找到這樣的經論，然後要依止經典努力聞思，並且以極其縝密的這個智慧來觀察。還要透過什麼？你去修鍊啊，行持、實踐，然後進行抉擇。06'12"

　　總之，是依法而修，不只是依靠你自己刻苦、依靠你自己的習慣——你能吃苦還未必成，要依靠經典來修行，

反覆地行持驗證自心是否符順於教典。所以大師語重心長地提醒我們說：這是極為重要的呀！06'37"

有沒有發現在這個地方又教給我們一個用功的訣竅？如果知道這一點的話，肯定會少受很多的辛苦，少走很多冤枉的路。還記不記得《廣論》上那句著名的話，就是「**聽聞隨轉修心要，少力即脫生死城**」！06'59"

好！以上我們學完了什麼？「**修習對治不知沈掉**」這個科判了。07'08"

接下來我們要學習「**第二、修習對治知已不為斷彼勤加功用**」，請大家再和我一起看原文。07'19"

> **第二、修習對治知已不為斷彼勤加功用：修習正念、正知之法，由如前說善修習已，生起有力正念、正知。由正知故，極細沈掉皆能覺了，無有沈掉生已不識之過。** 07'44"

　　第二科、依止「雖然已經辨識卻不勤於斷除沉掉」的對治品。那我們想：這是在講什麼呢？我們可以把它細分一下：我們要依止一種對治品，這個是很顯然要對治的。那麼是什麼樣的對治品？要對治什麼呢？你們有沒有看書？要對治「已經辨識沉掉，卻不勤於斷除沉掉」的這樣一個狀態。08'19"

　　這個時候這個修行者已經能夠覺察沉和掉的狀態——那我問一下，請問用什麼認識的？用什麼覺察的？正知，對吧！那麼如同前面所說的，透過善加行持維繫正念與正知的方法，然後就會產生了強有力的，甚至是極其有力的正念、正知。有力到什麼程度呢？即使極其微細的沉掉也都能夠以正知察覺，所以不會有產生了沉掉卻無法辨識的這個過失。換一句話講，就是沉掉已經來了、或者將要來了，可是這個還無法辨識這種問題已經不存在了！09'06"

　　接下來，我們再看原文，往下看。09'13"

然彼二者生已無間，不修破除功用，忍而不起功

用、不作行者，是三摩地極大過失。09'26"

看到「**極大過失**」，他想：「喔！又是一個什麼問題呢？」看！說但是不依止功用的話，這裡邊的「**功用**」就是指勤奮的意思，在沉掉這兩者產生的當下，不依止勤奮而遮除沉掉，反而什麼狀態啊？一種接受、一種忍耐並存的狀態。這樣的不勤奮或者不作行，就是極大的等持的過失！那麼「**不作行**」是什麼意思呢？就是指不造作。不造作什麼？不行持沉掉的對治品，它就不起對治。相反地，行持沉掉的對治品，就是八斷行中的什麼行啊？「作行」。10'14"

所以我們按照之前的方法，比如說依次地修學正念、正知，這個時候我們能不能夠生起強大的正念呢？是可以的！強大的正念生起之後，我們的心會處在什麼狀態呢？就是讓我們的心能夠安住在善所緣境，並且能以正知覺察到細分的沉或掉。這樣的話，就不會產生沉掉生起的時候卻沒有覺察這種過失了。10'52"

但是察覺了沉掉生起之後就完了嗎？ 10'57"

還沒完。11'00"

如果你察覺到了沉掉生起之後，不加以對治，反而忍受這種狀態，甚至是放任不管，這又會成為修三摩地的——注意那四個字——極大過失！ 11'16"

當我們已經經過了一番修鍊，能夠認識沉掉了，我們已經檢查出：欸！我這個心靈假如是一個儀器的話，它已經出現某種干擾了，就是干擾、故障。那接下來應該是解決這個干擾因素，可是卻沒有精進地去把這個解決方案做出來，沒有去對治的話，這是不是一種問題呢？也就好像知道了自己得了某種病卻不服藥、不去治療一樣，問題是不會解決的。11'57"

所以「已經辨識了沉掉，卻不勤於斷除沉掉」這種用功的狀態，注意喔！這種用功的狀態會成為修三摩地的極大過失！它不是認出來沉掉這個功夫就算完了，說：

「啊，我認得你！」那後面是不能懶、不能偷懶的，一定要勤於斷除沉掉。所以你看它用功的狀態是環環相扣、念念相繼，這樣的話一點兒都不能有疏漏，才能夠修起沒有過失的三摩地。12'30"

那麼，我們想：欸！「這是一種過失」就可以了，為什麼大師用了這麼強調的語句說「這是極大的過失」？如果這是極大的過失的話，又怎麼對治呢？別著急！到下一講大師就會告訴我們。12'51"

今天就講到這兒，敬請期待。謝謝！12'54"

廣論止觀初探

修習對治知已不為斷彼勤加功用

講次0079
思心所的作用

　　大家好！又到了我們一起學習《廣論》的時間了，大家很開心吧！今天我們要繼續學習《廣論》第368頁倒數第3行，那麼在《廣論》校訂本是77頁第1行。00'32"

　　上一次我們學到沉掉生起的當下，如果沒有遮止沉掉的話，反而接受沉掉，這樣的不勤奮或不作行是三摩地極大的過失。那為什麼是極大的過失呢？請大家一起跟我看原文：00'50"

> **以若如是，令心成習，極難發起離沈掉定。故於沈**

《廣論》段落
奢摩他校訂本：P77-L1 ～ P77-L9　以若如是……斷彼之思。
福智第三版：P368-L11 ～ P369-L3　若心成習……斷彼之思。

掉生已不行斷除，應修對治名曰「作行、功用」之思。 01'13"

說：因為如果這麼做，成為了內心的習慣之後，再要發起遠離沉掉的這個等持就會極其地困難。因此產生沉掉而不作斷除，它的對治法被稱做什麼？就被命名為「**作行**」，或者「**功用**」的思，對此應當修持。 01'49"

透過上述的方法，比如說我們修習正念、正知，極微細的沉掉生起的時候、還沒生起的時候、將要生起，就立刻察覺到了，而且一定要遮止。如果不馬上遮止，我們的心隨著沉掉而轉，就會退失先前有力的正念和正知。這個「**不行**」就是不精進地修習對治沉掉，這是修習三摩地的極大過失！ 02'21"

如果內心隨著這樣的沉掉轉了的話，你沒有自主，這個沉掉生起的時候不去對治，然後被這個沉掉拖、拖、拖、拖、拖著，養成了一種在沉掉裡邊度日、作休的這樣一個狀態，然後就成習慣了！成習慣了會有什麼問題呢？

就非常難以生起遠離沉掉的定。因為懶懶地待在那個地方，已經沒有現起有力的對治。這樣的話，不可能會出現──這裡邊說非常難以生起──遠離沉掉的定。而且如油入麵，都已經完全地和在一起，是非常麻煩的事情！03'13"

那麼我們接著再往下看：03'16"

此中分二：一`正明其思，滅沈掉法；二`明依何因而生沈掉。今初：03'28"

這裡邊分為兩科，對不對？這個「此」是指什麼？是指前面我們學到的，就是「修習對治知已不為斷彼勤加功用」，其中分兩個，對吧？一個什麼？辨識思，以及滅除沉掉的方法；第二、辨識是依著什麼因產生了沉掉呢？那我們看第一科：03'57"

我們再接著往下看。04'01"

如《集論》云：「云何為思？令心造作之意業，於善、不善、無記役心為業。」應如是知。 04'15"

請問宗大師引用了哪一部論啊？《集論》。那麼《集論》裡說什麼？說如同《集論》中說——解釋了什麼問題？「什麼是思呢？是指令內心造作、有所作為的意業。」注意！它是意業，這個意業具有什麼作用呢？「它是具有使心趣入於善、不善，」還有什麼？「與無記的業。」大師引完了《集論》之後，說：我們應當這麼地了解。注意！這裡邊出現了一個「思」，和這個「意」是意業的定義。我們接著再往下看大師的解釋：05'23"

此復如由磁石力故，令鐵轉動不得自在，如是於善、不善、無記隨一，令心策動之心所者，是名為思。此中是明沈掉隨一生時，令心造作斷彼之思。 05'50"

為什麼這個地方介紹了「**思**」的這個概念或者定義呢？舉一個譬喻，就如同磁石的力量。磁石有什麼力量？

就比如說一個磁石、一個鐵，這個磁石就是控制鐵的，對不對？它的存在就導致鐵不能自由、不能自主地移動。就像由於磁石的力量導致鐵不能自主地移動一樣，策動內心轉向於善、不善、無記這三者其中之一，這樣的心所就是思。06'31"

「思」是五十一心所中的一種心所，什麼是「思心所」呢？就是一種能夠策動內心轉向善、不善、無記種種對境這樣的一種心所。所以此處是指什麼？是指產生沉掉任何一者的時候，令我們的心有所作為，作為什麼？斷除沉掉的思。注意！它役使他的心朝向什麼方向？就朝向斷除沉掉的這樣一個方向。07'12"

有沒有發現？說這個思，大家都知道是我們內心的意業，它有什麼特色？它就是讓心去促成某一個動作。什麼動作？比如說思能讓我們的心趣向善、不善，還有無記，這是思的作用。這裡邊說產生了沉掉的時候，應該生起斷除沉掉的心，這個心怎麼生起呢？要透過思的作用，去什麼？去推動、去策動這個心，讓它趣向於斷除沉掉的這個

方向，就是控制這個心。08'03"

　　有沒有發現？在這一段，宗大師引了《集論》中的一段文作為依據，並且用譬喻來解釋《集論》的文，讓我們比較容易理解 —— 磁石跟鐵的這個方向。所以這個「思」、「思心所」能夠控制心的方向，甚至控制它，我們通常幾個方向啊？就善、不善、無記，對吧？「思」在此處的作用就是，當發現內心中生起沉掉任何一者的時候，這個思要趕快行動——這個意識促使內心，就是要催動它，設法去斷除沉掉的一種，什麼東西？念頭是吧！08'56"

　　怎麼形容呢？這裡邊舉了磁石跟鐵，然後會發現：我們不想讓我們的心那樣想，可是我們的心偏偏那樣想了，但是修止的時候就要我們的心來作主，不能說：啊！以前造作業怎麼樣就怎麼隨著業漂流，要讓我們的心作主。那心作主的時候先什麼作主？先思，思作主。思就好比是一個磁石，而原來的那個心的狀態就好比一塊鐵，所以這個磁石得引導這個鐵向著你要趣向的方向，而這個磁石就是

思。那你說它的力量多大？因為它是起著一個引導、策動的作用，就是把心從一個方向把它拉到另一個方向，讓這個心是不能自在的，要隨我們想要自在的方向。09'50"

聽起來會不會很有力量？因為我們可以策動我們的思、思想，讓它趣向於善、離開不善，甚至也離開無記，對不對？讓我們去造作強有力依照善所緣修習的無過失的禪定，進而再去緣著無我，就是無自性的這個問題去證得空性。所以這都是我們強大的內心經過如法地修鍊之後能夠產生的力量，讓我們所有的心流都朝著一個沒有過失的方向、能夠產生善果和樂果的方向。有沒有很開心呢？10'29"

好！回去之後把這一講聽一聽。看起來不是很困難，但是要把這個「思」聽出味道來，你要把它融會貫通在你的內心中，產生一種喜悅、產生一種力量，甚至是對禪定的一種嚮往。甚至是說：我決斷一定會修沒有過失的三摩地！那是不是一個很好的決定，是一個很好的思呢？謝謝大家！11'03"

講次0080
滅除沉沒的方法（一）

　　大家好！很高興又到了我們一起學習《廣論》的時間了，你們準備好了嗎？要記得殊勝的發心。請大家把書翻到《廣論》第369頁第4行，在《廣論》的校訂版裡邊是77頁最後一行。00'36"

　　在《廣論》中提了一個問題，那我們看：00'41"

若爾，如是為斷沈掉，發動心已，當如何修滅沈掉理？ 00'53"

　　這個問題是什麼呢？為了斷除沉掉而如此策動內心之後，要以哪一種方式來遮除沉掉呢？注意！這裡邊有

《廣論》段落

奢摩他校訂本：P77-L10 ～ P78-L4 若爾，如是……取相而修。
福智第三版：P369-L4 ～ P369-L6 為斷沈掉……所緣而修。

「**發動**」兩個字，提到發動，可以認為原來是沒有發動的嗎？對吧！至少沒有朝著我們想要的方向去發動。所以這個「發動」二字是挺耐人尋味的，大家可以琢磨琢磨。而且發動後面有一個「**心**」字──發動心，比如說當我們想發動一輛車子的時候，一定有某種目的然後你才去發動，那個能發動的力量對於這一輛車子來說，可能是要發動它的引擎對吧？那麼對於轉動心的、發動心的那個力量是什麼？那是思！思負責推動心，就是心力。02'12"

那麼請問這顆心為什麼而策動呢？在這一講裡是為什麼？是目的，就是為了斷除沉掉，對吧？要斷除沉掉的時候它要有一個發動，就是已經準備向前衝了，準備向前衝，所以這是一個整裝待發的狀態，是很振作的一個狀態。它的目的要去哪裡呢？做什麼？當下去斷除沉掉！02'48"

接下來要怎麼去消滅沉掉呢？就再往下看：02'55"

心沈沒者，由太向內攝，失所緣之執取相，故應於

彼作意諸可欣事，能令心意向外之因。此復如極端嚴佛像，非生煩惱可欣樂法。又可作意日光等諸光明相狀。沈沒除已，即應無間堅持所緣執取相而修。03'32"

　　如何滅除沉掉呢？宗大師就回答說：此處所指的——先分析了——此處所指的內心沉沒，是由於過度向內收攝，而喪失了所緣的這個執取相。看到這兒的時候，大家會不會有一個問題，說：如果發現內心散亂，向內收攝，讓我們的心收回到原本的善所緣上，這為什麼過度向內收攝，還反而喪失了所緣的執取相呢？04'01"

　　格西拉解釋說：修定的時候有一個度是修行者要特別注意的，就是這個心不能太緊，也不能太鬆，如果用力過猛，比如說太向內攝的話，就有可能會失去執取所緣的力量。這裡邊的「執取相」，這個「相」，藏文直譯過來就是執取的方式，它不是指我們那個所緣行相的意思。那麼失去所緣的執取方式了，可以理解為失去執取所緣的這個力量或者力道，無法非常有力地執取所緣。所以當我們

無法非常恰到好處地、有力地執取所緣的時候，會發生什麼事？對！出現了沉沒。05'04"

所以這就可以解釋為什麼說沉沒是由於過度向內收攝，而喪失了所緣的執取相。這時候應該怎麼辦呢？這個修行者他必須已經覺察到這種狀況，怎麼辦呢？太向內攝的話，就要作意「使心向外流散的因所屬的這個歡喜的事情」。換句話說，這個時候應當作意可欣事，也就是值得內心非常高興、非常歡喜的事情。05'40"

那麼這裡邊歡喜的事情是什麼因？是令心向外流散的因。因為原來不是太向內攝了嗎？所以要向外流散。那這樣的歡喜的所緣，是不是想什麼都行？說：「啊，這個真不錯啊！可以想一個歡喜的事情，還可以對治這種問題。」是不是什麼歡喜的都行呢？並不是！此處大師說：是指極其端嚴的佛像，並不是指能產生煩惱的這種歡喜，所以不是所有令內心歡喜的所緣都可以拿來在這個時候用的。有聽清吧？06'32"

　　有沒有注意到這裡的界定？不是所有令內心歡喜的所緣都是能緣，在這個時候都可以成為對治品的，這裡邊的限制就是要善法，比如說極其端嚴的佛像。06'50"

　　那麼這裡邊就有個問題：平常我們很歡喜的事情，會不會有生煩惱的？是有的。因為這個時候自己的持戒呀，各方面的力量還不足的時候，比如說有的時候像見作隨喜這個事情，別人做了一個錯事你卻隨喜了；還有比如說有的人用一個非常奇怪的方式跌倒了之後，有的人就會笑，但是實際上他是非常痛的，有可能膝蓋都流血了，但是有人因為那個非常奇怪的方式就會笑出來，沒有考慮到跌倒的那個人的痛苦。所以很多時候能夠引生內心歡喜的所緣，有可能是煩惱。但此處在座上修的時候，你要能令心意向外流散的這個歡喜的因，絕對不是生起煩惱的那種歡喜，這個界定還是非常清晰有力的，大家要記得！07'50"

　　所以我們上座的時候就不能隨便，一舉一動、內心怎麼朝什麼地方去操作，都要看著經典怎麼說。不能說：我的心太向內了、好沉重。那好！我就想一個什麼打球啊、

什麼遊山玩水呀，自己直接就散亂掉。你的沉沒還沒對治，然後就開始放逸了，這個也是出現了由一個違品引起了另一個違品，這樣就災難級的障礙又出現了。所以在用心的時候，嚴格地按著經典所許的這樣一個方式不容易出錯，而且這樣才能成功啊！ 08'30"

下面問題出現了，說：那除了緣著極其端嚴的佛像之外，有沒有其他的方法？問這個問題，是想要多了解一些其他的方法呢？還是覺得他不願意緣極其端嚴的佛像呢？為什麼會有這個問題呢？方法是有的！比如說也可以作意日光等光明的相狀。注意喔！原來是可以緣極其端嚴的佛像，那個相好莊嚴的佛像，接著還可以作意日光的光明。09'11"

比如說緣著極其端嚴的佛像的時候，我們都是應該有這樣的一個體會，比如說有一尊度母或者有一尊文殊，哇！太莊嚴了！大家看到的時候就目不暫捨，一直看下去，然後生大歡喜心。我們生命中都會遇到這樣的佛像。甚至我們去朝聖的時候，在那尊佛像面前久久地看著，都

不能離開的樣子。像那樣的所緣，它是強有力地，一下子把我們內心的專注力和歡喜力全部調動起來，而且它會在我們的記憶裡，只要一想到我們就會很開心！所以那種極其莊嚴的佛像緣到了之後，在這個時候你就可以請佛菩薩加持，我們就可以度過這個沉沒的問題。10'07"

作意日光的光明，可能就要認真觀察一下，比如說日出。日出的光，很有力地照射大地，把沉悶的黑夜都驅走了，光明萬丈！晨曦的光明，希望、振奮、很聖潔。比如說那種光灑在那個小草上，草上有露珠的時候，每一顆露珠都很晶瑩、很璀璨，好像鑽石一樣，每棵草都頂了一個鑽石。那是日光照在露珠上，產生了那種璀璨，很聖潔！很多時候我是用來觀想的。所以這個光明能不能在我們的心中，引起歡喜的覺受、引起振奮的覺受，這也是觀待於比如說你用這個光明，那個光明在你心中引起什麼樣的樣子，這也要勝解作意的。11'20"

有沒有發現日光可以拿來修行的？而且它是光明的相狀。這個日光是每天、每天──如果不是陰天──我們都

可以看到，我們從小看到大，一直一直地會看到日出日落，所以這個世界是有這樣的光明。這樣的光明，居然在我們修定的時候還可以拿來對治沉沒，是不是很美的一件事情？你看！不用花一分錢，也不用特別費力氣，你只要去觀察，把它那個光明的相狀記在心裡邊，你座上修的時候就可以用了，是不是很簡單呢？ 12'08"

接下來，緣著極其端嚴的佛像，還有作意日光等光明的相狀，之後──我們不是對治沉沒嗎？如果沉沒去除了之後已經不沉沒了，怎麼辦呢？那你還是要馬上再穩固地維繫所緣的執取相，你要再回到你的所緣執取相，穩固地維繫，再回來！ 12'40"

有沒有聽清楚？有沒有很歡喜啊？請大家留意生命中那種善的、很美的光明、很端嚴的佛像，留意自己當下的覺受，這個是可以在座上修的時候成為我們手中的武器──對治沉沒的武器，也可以說成為我們心中的一道光。謝謝！ 13'20"

講次0081
滅除沉沒的方法（二）

　　大家好！這週你們過得怎麼樣？很高興又到了學習《廣論》的時間了，要集中心力，因為時間也不長。今天我們將學習《廣論》369頁的第6行，在校訂本裡邊是78頁第4行。注意喔！我們現在要開始看原文了。哪一部論？00'44"

> **如《修次初篇》云：**「若由昏沈、睡眠所覆，執持所緣不顯，心沈沒時，應修光明想，或由作意極可欣事佛功德等，沈沒除已，仍持所緣。」此不應修厭患所緣，厭患是心內攝因故。01'24"

　　接下來宗大師引了哪一部論呢？《修次初篇》作為依

據。因為就像《修次初篇》中所說的：「什麼時候如果這個修定者被昏沉或者睡眠覆蔽」，覆蔽就是像蓋住了一樣，「不再清晰地執取所緣，內心沉沒」，已經沉沒的這個時候，要怎麼辦呢？「要修持光明想」，要修持光明想！「或者作意最為歡喜之事」，最為歡喜之事是什麼？就是「佛陀等的功德，藉此消除沉沒，接著牢固地執取所緣。」在這個時候不應該修持心裡很不喜歡的、很討厭的所緣，因為厭惡是心向內收攝的因──就是你的心會更緊了！ 02'38"

大師教我們滅除沉沒的方法，首先是不是要弄清楚為什麼會有沉沒發生呢？分析一下這個原因。那裡邊說是過度內攝，是太用功了嗎？為什麼會太用力內攝，反而導致所緣境沉沒呢？太用力抓取所緣，是不是因為用力過猛，時間一長，力道堅持不了多久就弛緩了。另外，一開始修心的或者經驗不足的人，他力道的掌控是不均衡的，應該說還沒有一個恰到好處的熟練度，所以他就會慢慢地產生了昏沉、睡眠。 03'30"

　　這種狀態下，所謂的「沉沒」，精確是指心在對境的時候太過向內收攝，導致執取所緣境的力道怎麼樣啊？弛緩，然後內心呈現一種低沉的狀態。為了去除這種狀況，《修次初篇》說要怎麼辦啊？就那些辦法——可以思惟佛陀的功德等令內心歡喜的所緣，或者修光明想，讓原來過於內攝、低沉的心再振奮起來。但是這並不是指讓自己去想會產生煩惱的歡喜的這個對境，對不對？我們歡喜的事情不能是煩惱。另外這裡邊還交代了一件很重要的事情，就是當察覺沉沒已經生起的時候，注意喔！當察覺沉沒已經生起的時候，要想高興的，不應該想，比如不應該思惟無常、輪迴的苦，或者三惡趣的苦等等，令我們的心不悅意的、不願意面對的，讓心非常收緊的這樣的事情。為什麼？因為這會讓心持續地向內收攝，會感覺到越來越重，更加地沉重了！ 05'09"

　　注意喔！在這個地方如果沒有學到這樣的教授的話，很多人會想：「欸，我的心緣著善所緣那個力道弛緩了之後，是不是產生懈怠了啊？那我產生懈怠了，為什麼會懈怠呢？就是不念無常，讓我的心好像又耽著什麼了。」所

以有的修行者就在這個時候開始念無常了，因為念無常會覺得我的修行會產生一種力道——向善所緣的力道。但是有沒有發現，此處的教授正好是反的，是不能這樣用的！應該避免去想念死、三惡趣苦這些令心收緊，或者向內收攝、越來越沉重的這種法類。06'09"

有沒有注意到有教授和自己想的差別性？你們用功用到這個地方，你們會怎麼判自己呢？會覺得自己是懈怠嗎？很多人就會覺得是懈怠喔！所以他會這麼用功。但是經典上依據不是這樣用功的，它是要讓內心產生歡喜的法類。06'33"

有沒有發現緣著極其端嚴的佛像，然後去思惟佛陀的功德，是令我們的內心最歡喜的事情？請問是這樣嗎？我們緣著端嚴的佛像思惟佛陀功德的時候，能否成為讓我們內心中歡喜、雀躍的事情，或者產生那樣的覺受？如果有這樣的覺受的話，那我們最歡喜的事情——就是很開心、很開心的這種非常非常高興的事情，它還可以用來滅除沉沒，解決在修定的時候心向內過度收攝，失去了所緣的執

取相，或者執取所緣的力道弛緩、低劣。有沒有發現歡喜力能讓我們的內心振奮？這個時候應該運用歡喜力，而不能再用一種逼迫的、令心更內緊的方式去對治，應該用歡喜的力量去打敗奢摩他的這個干擾的力量。08'01"

大家有沒有想：想到佛陀的功德，你有的時候會高興不起來嗎？你會一想到就開始很開心呢？還是思惟半天都進入不了狀況？還有的時候是麻木、冷淡，甚至不願意想？當這些違品還沒有消失的時候，就是一提提不起來的時候，那就是平常要用功夫啊！對不對？平常就要多多去思惟佛陀的功德，隨喜佛菩薩的事業、悲心、大力等等，有很多、很多不可思議的功德。08'42"

我們平常思惟三寶的那些功德、佛陀的功德，在修定的時候居然可以有這樣的妙用！什麼妙用？連斷除昏沉、沉沒的這個方式，我們在切斷這個的方式的時候，有沒有累積功德？有沒有累積福報啊？有啊！我們在隨喜佛陀的功德、在思念佛陀的功德！所以有沒有發現這個清淨的教授它是不是很周到？因為平常缺乏福報、缺乏資糧，那麼

座上修、去修定的時候，連對治沉沒的方式全部都在累積資糧！ 09'33"

所以傳承祖師為我們這些弟子們想得實在是太周到了！一點時間千萬都不要浪費掉，都要用來累積資糧、累積福報。為什麼？因為暇滿人身太難得了！盲龜遇浮木啊！多少、多少年才出來一次，在茫茫的大海上能遇到，那就是暇滿人身的機會呀！得到了這樣難可值遇的機會，一定要成辦人生的大利啊！什麼大利？增上生至決定勝。首先要修起奢摩他，對吧？前面三主要道，然後修起奢摩他之後生起毗缽舍那，進而斷除輪迴的根本，令自他解脫生死的痛苦，然後去成就無上的佛果。想一想都很開心吧？想一想都充滿著希望！ 10'36"

它這種希望和振奮的力量，完全是由於我們的內心操作出來的，而且我們內心所緣取的佛陀他是有真實的功德，不是假想的，他是有真實功德的一個對境。所以我們的心緣到這樣的對境的時候，是會產生明亮的、璀璨的歡喜感。而且它不只是高興，它有力道、它有作用，可以去

除掉我們的障礙。那麼對佛菩薩這個歡喜心，其實你在外境上成立出很多絕望的對境、絕望的一些思路，或者說絕望的處境的時候，你都可以向內心去找尋這種光明、找尋這種希望的來源，因為真正源源不息的力量它是產生於我們的內心。11'41"

有沒有發現佛菩薩，啊！在任何的境界裡邊都可以成為我們的力量、成為我們對治障礙的這樣一個有力的助緣？佛法，以前常常聽師父說：「佛法美啊！」師父還會讚歎說：「僧團美啊！」常常聽到師父自己有的時候好像自言自語一般，有的時候會在大眾中不由自主地讚歎。學了這一節課之後，有沒有一點點這樣的感覺——佛法真的是好美啊！充滿希望和光明、振奮的力量！所以大家要好好地依教奉行。12'30"

謝謝！12'33"

講次0082
滅除沉沒的方法（三）

大家好！很高興又到了我們一起學習《廣論》的時間了。這一週你們還好吧？有準備好繼續學習了嗎？請大家翻開《廣論》，你們知道幾頁嗎？369頁第8行；在《廣論》的校訂本是78頁第6行。請大家跟我一起看原文，有找到嗎？00'48"

> **又以觀慧思擇開衍樂思之境，亦能除沈，《攝波羅蜜多論》云：「由勤修觀力，退弱則策舉。」**
> 01'06"

這一段是在講什麼呢？說是以分別觀察的智慧觀擇所想要觀擇的對境展開開演──就是開展，也可以去除沉沒

《廣論》段落
奢摩他校訂本：P78-L6 ～ P79-L5 又以觀慧……令發覺受。
福智第三版：P369-L8 ～ P369-LL1 又以觀慧……已生感觸。

的。因為《攝波羅蜜多論》中也有說：如果形成退弱的時候要怎麼辦呢？要透過勤修勝觀，用智慧抉擇的力量來讓我們的心策舉，就是從原來沉悶的狀態，讓它振奮，振奮我們的內心。01'45"

巴梭尊者在《四家合註》裡邊有解釋說：這裡邊的「**退弱**」其實就是指沉沒，而這裡邊的「勝觀」指什麼？其實就是指智慧。意思是什麼？意思就是當我們的心形成退弱，也就是沉沒的時候，其實也可以透過勤修勝觀，用智慧抉擇的力量來策舉我們的內心，來讓我們的內心振作、振奮起來。02'14"

那我們觀察一下，這一段話提供給我們一個什麼樣的對治退弱或者沉沒的方法？廣泛地思索自己非常喜歡的法類，就是很有興趣的法類，也能滅除沉沒。依據是什麼？《攝波羅蜜多論》，對不對？他是透過分別觀察的智慧，認真思惟我們已經學過的熟悉的法類，而且是有興趣的，這樣還會令我們內心的沉沒狀態就變得振奮起來了。思惟法義，對吧？思惟法義產生歡喜心。03'00"

好！接下來，再看原文：03'05"

沈沒或退弱者，謂所緣執取相力漸低劣，故名「沈沒」；太向內攝，故名「退弱」，故由策舉持力及廣開所緣即能除遣。 03'22"

所謂的「**沉沒**」或者「**退弱**」是指什麼？就是指我們對於所緣的這個執取相慢慢地、慢慢地低劣，稱之為「沉沒」；它由於過度向內收攝，所以稱之為「退弱」。因此透過策舉、振奮執取相，以及廣大地興起所緣而開演，也就能夠去除沉沒、退弱。03'56"

雖然沉沒和退弱好像是兩個名字，但是它意思是相同的。當我們的心執取對境的力道弛緩的時候，用通俗一點話就是提不起勁來，怎麼提提不起來，好像沒力，稱之為「沉沒」；心又向內過於收攝，造成內心有點死氣沉沉地，或者說有點沉悶，它就欠缺一種靈動或者活力，這個也稱之為什麼？「退弱」。再辨別一下這個狀態。04'34"

那麼我們再往下看，「《中觀心論》云」，有沒有看？看書。突然想起來了，你們看的時候是不是都看屏幕，沒看書呢？紙本書還是很珍貴的。好！04'53"

《中觀心論》云：「退弱應寬廣，修廣大所緣。」又云：「退弱應策舉，觀精進勝利。」《集學論》亦云：「若意退弱，應修可欣而令策舉。」05'12"

這裡邊看看幾本論啊？《中觀心論》對吧！還有一個《集學論》。那麼《中觀心論》中說什麼呢？說：「退弱，要透過修持廣大的所緣而使之寬廣。」然後又說：「退弱，也要見到精進的利益而振奮。」見到精進的利益而振奮是什麼意思？就是看到你非常努力地用功之後，你會得到什麼。也是從一個既得利益上，對我們的身心的饒益上去策發我們的歡喜心，它會振奮。那麼《集學論》中也有提到，說：對此如果心意退弱，應當修持什麼？歡喜而振奮——歡喜心會令我們的內心非常地振奮。06'02"

好！我們接著再往下學。看原文：06'07"

諸大賢哲同所宣說，故除沉沒最要之對治，謂思惟三寶及菩提心之勝利，並得暇身大利等功德，須如睡面澆以冷水頓能清醒。此須先於諸勝利品，以妙觀察觀察修之，令發覺受。06'37"

這段是在講眾多大善巧成就者都共同宣說，所以遮除沉沒最重要的對治，就是思惟三寶與菩提心的利益，以及獲得暇身意義重大等等的功德。要達到什麼程度呢？必須要能夠達到像在一個瞌睡的人的臉上，灑下了冷水，然後讓他精神頓時一振，就清醒過來一樣。能達到這種程度，要取決於透過分別觀察的這個觀察修，對於上述舉的這些利益的方面，他已經產生了殊勝的覺受、歡喜的覺受。這裡邊的「睡」，它不是指熟睡，而是指打盹或者瞌睡這種。07'30"

那麼現在我問大家一個問題：這個方法來源是哪裡？是哪位上師教我們的呢？是眾多大善巧成就者都共同宣說。宣說什麼？最重要的對治沉沒的方法，是思惟三寶與菩提心的利益，以及獲得暇滿義大等等的功德。07'57"

　　到這裡的時候大家有沒有發現，我們在前面修學的法類，到止的時候、修學奢摩他的時候怎麼全部都用上了？比如說從道前基礎修的暇滿義大，對吧？暇滿義大，到修止觀的時候可以拿來對治沉沒。三寶功德是共下士道的法類對不對？那菩提心是上士道的法類，這些在修止之前我們都需要觀察修的，才能在內心中生起覺受。很重要喔！可是我們的習慣往往會偏於認為：啊！比如說座上修修止那才是真正的修行，觀察修好像不是特別重要的修行。好像聽法的時候想一想、平常想一想，好像這不是很重要。有沒有發現？可是此處我們有沒有發現，如果沒有觀察修的法類作為基礎的話，修止遇到了沉沒能修成嗎？09'07"

　　所以我們大家千萬不要以為出離心、菩提心等等的法類的修行是不重要的，透過大量的觀察、觀察修的法類是不重要的。有些人甚至認為聽法也不需要聽那麼多，甚至聞思也是不重要的，就認為上座修修止才是重要的，這一定是對修看得太狹。甚至還看成出離心、菩提心等等法類的修行，它都不是修奢摩他的基礎。這些見解我們在學習《道次第》的時候，其實都要把它校正過來、導正過來

的。09'45"

　　為什麼要導正？因為眾多大善巧成就者都不是像我們那樣修的，都共同宣說三主要道是非常重要的！而且出離心、菩提心、共下士道的法類，是修學奢摩他的一個基礎，那些已經成就的人告訴我們要這麼修行，這個經驗的傳承是彌足珍貴的呀！所以再再地閱讀這一段的經文，再再地去思考的時候，真的很感念佛菩薩，很感念傳承祖師們，也很感念師父把這本論帶給我們，所以我們一定要再再地、好好地珍惜，依法而行。謝謝！ 10'41"

講次0083
滅除沉沒的方法（四）

　　大家好！很開心又到了我們一起學習《廣論》的時間了。上一節課我們學到：眾多大善巧成就者都共同宣說了一個道理，遮除沉沒最重要的對治就是思惟三寶功德、菩提心的利益，還有暇滿義大等等的功德。到什麼程度呢？必須要能夠像在打瞌睡的人的臉上灑下了冷水一樣，讓他精神一振，然後就清醒了，要到這麼迅速喔！你想那個水灑在臉上人一振的那種狀態，如果要心裡思惟這些勝利而達到這狀態，就取決於平常我們分別觀察的觀察修，對於利益方面要產生這樣的覺受。01'07"

　　大家都有過在上學熬夜準備考試、寫功課的時候，都有過這種體會吧？發現已經撐不住了、很困倦了，就用冷

《廣論》段落
奢摩他校訂本：P78-L6 ～ P79-L5 又以觀慧……令發覺受。
福智第三版：P369-L8 ～ P369-LL1 又以觀慧……已生感觸。

水去洗臉，洗完了之後精神立刻大振，然後還可以再用功。那對於心來說，對於我們的心來說，令我們的心振作的此處的冷水，其實它就是一個歡喜的、取它振作的那個力量。注意喔！這是座上修，一提起三寶、菩提心的利益，或者暇身的義大，立刻就滿心歡喜，精神大振，一掃沉悶！ 01'56"

那麼為什麼在座上修的時候，我們這樣思惟一下子就能夠提起來呢？想想是為什麼？肯定是原來就有嘛！對不對？你去你的庫房裡邊拿東西，然後才能夠取出來，如果庫房是空的，是沒有這樣的寶物可以拿來用的，所以平時的積累是很重要的！那麼平時對這些歡喜的法類，修起歡喜心的覺受也是至極重要的！可以說修奢摩他也需要三主要道，如果未曾對這些歡喜的法類修成歡喜心的話，那此處要怎麼辦呢？說：「啊！我還可以用那個日光啊、用什麼……」那還有一些需要念死無常法類的呢？後面也會講到，還是要修前面的道次第。就算是日光，對於日光沒有歡喜心也是不行的，也是要修的。所以平時對引生歡喜的法類，注意喔，要積累，積累什麼？積累歡喜心。 03'07"

　　我們都知道要存錢、存糧或者存什麼，但是我會發現此處我們需要的是歡喜。就好像是一個歡喜的銀行一樣，當我們要提取歡喜心的時候，就到歡喜的銀行裡，立刻就能取出來！這個歡喜的銀行裡是沒有通貨膨脹的，因為菩提心和三寶的功德，無論人事怎麼樣地變遷，它們的功德永遠都是功德，也不會成為沒有功德或者只有少分的功德，為什麼？因為那些勝利是真實的，就像空性一樣，形容空性說像金剛王寶劍一樣，它能破一切，不為其他所破。03'57"

　　就算整個的世界都不安定，很多人的心也不安，然後我們的心也隨著這種不安而焦慮，甚至很憂傷，那佛陀的法身呢？佛陀的法身在此時會有什麼變化嗎？佛陀的法身也依然常住不壞！因為佛陀斷除了一切的煩惱障與所知障，所有的所斷、應斷的所斷佛陀全部都斷除了，所以獲得了自性法身，也就是最圓滿的這個斷德。佛陀能在一剎那中同時現證一切的法，就像看手中的菴摩羅果一樣，沒有佛陀不了解的法，所以佛陀獲得了智慧法身，佛陀具有最究竟圓滿的悲智力的功德。05'09"

有人說：「這麼不安，這個世界這麼不安，我的心怎麼才能安呢？」那你看什麼歸處才令我們心安呢？就思念佛陀的功德也是可以的呀！比如說，好像很多很多東西都不知道怎麼辦了，前路迷茫，好像都是不能夠信任了。那麼不管怎麼變，佛陀的報身也恆常地安住於色究竟天，乃至輪迴未空永不壞滅，在色究竟天，他為所有的地上的菩薩宣說種種深廣的大乘正法。大家有思考過嗎？想一想，就是我在講的此處、就是你們正在聽的此刻，佛陀的報身也是安住於色究竟天，有多長呢？輪迴未空都永不壞滅，他就在說法，為地上菩薩說法。06'19"

佛陀的化身，他也應眾生的根機，示現種種不同的面貌來利益我們，而且佛陀會示現多少化身？無量無邊的化身。他是任運地、無間地，只要眾生得度的因緣成熟，佛陀就會立刻示現相應的化身來度化眾生，他絕對不會錯過時機的！06'44"

所以雖然世間的現象、變動令人憂慮不安，有種種各式各樣的痛苦，比如有些人老是擔心明天會怎樣、未來何

去何從，這個世界好像總在變啊！但是可以把心皈向三寶！只要心向三寶、虔誠地皈依，樂善斷惡，我們的未來怎麼會變成是沒法期待的，好像隨著外境的變動不安而一直在變動呢？那為什麼這樣思、這樣想呢？因為在變動不安的這個顯現的現象中，顯現出增上生——增上生什麼意思？師父說：「可上可下的時候，要向上一步。」你的念頭可退可進的時候，要進一步！往哪裡進？要往善法上前進！所以在變動不安的這種種跡象中，完全可以呈現出增上生的這種明亮的希望、清晰的狀態，為什麼未來不比現在更好呢？08'00"

我們說：「啊！那個共業環境好像會牽著。」既然共業牽著，大家有這樣的業，那我可以在這樣的共業裡邊造一分別業呀！對不對？因為那共業也是造的，我可以造別業！因為不可能別人的惡業會成熟在我的頭上，也不可能我的惡業會成熟在別人的頭上，所以都是因果別別成熟的，我們可以造業。為什麼？因為那些不好的未來，是我們相續的惡還沒有斷除，所以它在未來就感果了。那麼所謂的惡是什麼？就是指會引生苦果的這個惡因，被我們

稱之為惡，因為它會讓自他痛苦，這就是會讓我們受苦的一種東西。所以佛陀說：「**諸惡莫作，眾善奉行，自淨其意，是諸佛教。**」08'55"

在這一切的努力中，有沒有發現我們的皈依境有忽然這樣、忽然那樣地變幻莫測？有沒有？沒有！對不對？剛才列舉了佛陀那幾身的功德。《廣論》上說：「**大師外支已成**」，對吧！「**外支已成**」，那麼差什麼？就差我們了，就差我們自己了，所以我們努力便是！因果真實不虛，種下了善因和樂因。為什麼一直在能夠種下善因和樂因的此時不去種，都把現在的時光用來憂慮未來呢？用來各種擔憂、各種哀嘆，或者焦慮？現在的時候我們是可以種下樂因的，沒有人阻止我們為現在和未來種下樂因啊！如果我們踏實地種下樂因，未來難道不應該越來越好嗎？一定是越來越好的，因為這就是增上生道啊！越來越值得期待。10'12"

所以並不是在變動不安中、在憂悲苦惱中，好像在種種變動中，我們就一定要生出焦慮，一定要生出這些很負

面的情緒；我們可以完全地振作起來，因為我們的皈依境是如此地殊勝！就像夜越黑、燈越亮，因為光明就是光明，它就能破除黑暗，光明永遠不會成為黑暗！所以當我們的心把它的所緣緣到光明的時候，緣到具功德的三寶境的時候，我們的心就會趣向於光明！ 10'55"

在座上修的時候是這樣用：心裡越來越低沉的時候，都要依靠三寶的力量、菩提心的力量，乃至思惟前面道次第的力量。那麼平常的生活中，最近一段時間疫情、還有各種各樣的事情，比如說通貨膨脹，還有很多很多的憂悲苦惱的時候，心裡是不是沒辦法歡喜了呢？我們還是可以依靠這種歡喜的力量嗎？要緣念三寶！ 11'28"

那說：「好像我們都是習慣外界一切都順了的時候，我們就會歡喜；如果一切都不順，都變得跟過去不一樣了，我真的很恐懼！」恐懼什麼？就是害怕變得越來越糟，對不對？害怕失去現在所擁有的一切。那麼現在擁有的一切是怎麼來的？不是以前種因種來的嗎？未來它為什麼沒有了？是善因沒有了嗎？那就種善因好了！所以怎麼

樣去尋找內心中歡喜振奮的力量以度過平常的時候，乃至是在座上修這個低沉的心境呢？就是要緣念三寶，對吧！緣念佛陀的功德。12'13"

其實這是一種習慣，可是我們不習慣，我們就習慣看這些事情、聽各種消息，如果這種消息不好，心就隨之起伏。那三寶也是一個消息呀！佛陀的功德也是一個宇宙間最大的正能量的消息，如果我們把心緣到這個歡喜的能量庫的時候，我們的歡喜銀行裡就會積攢很多很多歡喜的東西。當你需要的時候，你就把它取出來，然後馬上內心就歡喜了！這個是沒人偷得走的，也不會誰把它破壞掉，因為是我們的內心透過紮實地用功而生起的覺受。12'53"

有沒有發現？其實在任何時候、在何種處境裡，我們都可以緣念三寶的功德，生起歡喜的覺受。習慣嗎？如果不習慣的話，養成這樣的習慣不是很美嗎？你們覺得呢？謝謝！13'21"

講次0084
滅除沉沒的方法（五）

大家好！很高興又到了我們一起學習《廣論》的時間了，請大家要有殊勝的發心。今天要學習《廣論》369頁的最後一行，在《廣論》的校訂本是79頁第6行。準備好了嗎？那我們要一起看原文囉！ 00'40"

> 又生沈沒所依之因，謂昏沈、睡眠及能生昏、睡之心黑闇相，若修光明習近對治，依彼所生沈沒亦能不生，生已滅除。 01'03"

這裡邊探討什麼──產生沉沒的因是什麼呢？就是指昏沉、睡眠，以及能引起昏沉、睡眠這兩者的法，就是內心黑暗的行相。如果串習光明、依止習近這樣的對治，依

《廣論》段落
奢摩他校訂本：P79-L6 ～ P80-L4 又生沈沒……後乃修習。
福智第三版：P369-LL1 ～ P370-L5 又沈沒所……後乃修習。

靠這些的沉沒就不會生起，已經生起的也會遮除掉。所以這裡邊去探討沉沒的因，包括昏沉、睡眠，以及引生這兩者的這種黑暗之心或陰暗之心，它是透過什麼來對治的？透過光明想來對治。這樣從因上去對治的話，就能避免生起沉沒。一個是沒生起的時候避免它，再一個是即便沉沒已經生起了怎麼辦呢？也籍借著這個光明把它消除掉。那麼再往下看：02'13"

> 《聲聞地》說，威儀應經行，善取明相，數修彼相，以及隨念佛、法、僧、戒、捨、天六中隨一，或以所餘清淨所緣真實策舉其心，或當讀誦顯示昏沉、睡眠過患之法，或瞻方所及月、星辰，或以冷水洗面等。02'51"

那麼怎麼樣地去對治呢？其中《聲聞地》又說了，提到這個威儀就是要經行──經行就是比如說原地踱步思考法義或者繞佛。他的行為就是要經行，並且要在心中善加記取光明的相狀，然後反覆地串習；以及透過佛隨念、法隨念、僧隨念、戒隨念、捨隨念，還有天隨念，六種隨念

其中任何一個都可以。或者以其他清淨的所緣正確地振奮內心。還有什麼？把開示昏沉、睡眠過患的這些眾多的法要作為課誦來念誦。還有呢！還有什麼？觀視各方與明月、星辰，還有用水洗臉等。04'01"

這些方法是哪裡提到的？是《聲聞地》中提到的，對不對？這都是對治沉沒的辦法。比如說起身經行，這個起身經行一定是不能再坐著，他應該是比較嚴重的時候，要捨座上修起來經行。還有像作意太陽和月亮的光明相，這個光明相有的時候作意一次、想一下，好像也不是很明顯，或者說無法對治那種沉暗，那麼就要反覆地作意、多次地緣念那個光明。為什麼要一次、一次？因為一次沒管用，要再一次、再一次！讓那個光明能夠穩定、能夠清晰，甚至是非常地光亮，這叫光明想。還有隨念佛、法、僧三寶，這個前面講過了，還有戒律，還有布施、天等六者，其中之一都可以。05'12"

還有什麼？想一下，有沒有記住？還有思惟其他內心感到歡喜的清淨所緣 —— 一定要是清淨所緣，藉此怎麼

樣？提升心力啊！還有什麼？讀經，對不對？讀什麼經？闡釋有關昏沉、睡眠等過患的經論。記得以前學習的時候我們都喜歡把一段經典抄下來，抄在一個小本子上，或者每天念，所以這也是一個很好的辦法。05'54"

那除此之外還有嗎？你從座上下來之後，為了對治昏沉眺望遠方。說：「不行啊！我住的地方太低窪了，我眺望不了遠方。」那請你抬頭往天上看，你總能看到天上的月亮、星辰等等。有人說：「可能看天空的時候我還是容易昏沉。」你就看那個明亮，那個星辰的明亮，有的時候滿天的星辰是非常璀璨的，好像那星辰都落在眼睛裡，眼睛有光、心中有光，其實它是很光明的、很令人歡喜、鎮定，而且還有一種清澈的東西，就是星辰和月亮的光明。06'37"

還有，說這種辦法好像也不行，那你可以用水洗臉嗎？有水吧？用水洗臉。用水洗臉也可以！這些辦法當然都是已經離開座位了，因為在座位上再坐下去可能就睡著了。07'00"

方法很多吧！那麼這些方法要什麼狀態下用呢？這麼多的方法，我要怎麼區分什麼狀態下用什麼呢？那我們再往下看，看原文：07'18"

> **此復沈沒若極微薄，或唯少起，勵心正修心執取相。見沈濃厚，或數現起，則應暫捨修三摩地，如其所應修諸對治，待沈除已後乃修習。** 07'46"

什麼時候用呢？這裡邊講了，說：如果沉沒極其微薄，有一點點，就像薄雲，只出現了少數幾次，這個時候怎麼辦呢？不要馬上把腿拿開就開始下座了，不要這樣！這個時候只要再穩固一下內心的執取相，繼續修就可以了。可是如果發現：哇！這個頭越來越重、心越來越厚重、沉沒越來越重了！怎麼辦？而且它數數地來襲，像風暴一樣，數數現起、數數現起，已經怎麼都沒辦法了。這時候就應該停下來了，不要眷戀這個座位捨不得停下來，應該暫停修定。暫停修定是幹什麼呢？趕快要開始對治，依靠這些對治法去除沉沒，把這個沉沒去除掉，等到去除掉之後再繼續修行。透過這些修行、修持對治的法類，沉

沒慢慢地消失，或者很快地消失之後，注意！應該立即提心力，再繼續修三摩地。有沒有聽清楚？ 09'01"

複習一下：如果發覺沉沒輕微，怎麼辦？頻率也不高。我們就提起心力來，不要下座，提起心力來，稍微加強力道就可以了，不必停下來或者暫緩，不用暫緩修定。如果發現沉沒厚重，而且是不斷地產生，對治好像稍顯無力，這個時候就不要眷戀，要停下來，然後尋找一個適當的方法來修對治。下面還有，等到沉沒消失之後怎麼辦？立刻要開始修三摩地了！ 09'42"

所以我們會發現：這個全部是觀待行者在座上修的時候他遇到的一些狀況，還有他曾經熟悉的這些辦法，來對治自己出現的這種障礙也好、沉沒也好。所以這不是一個「我想要坐著」，或者「我覺得心有點沉沒了，可以打個瞌睡」，不是由著自己的感覺來決定的。一定要看看經典上怎麼教的、上師怎麼教的，這個方法一個、一個的，它是非常非常精確地要怎麼對治。有沒有發現？所以這些經典的文字非常地珍貴，我們可以反覆地閱讀。 10'36"

　　這裡邊對治沉沒的方法非常地多！從小就會的冷水洗面都可以用上了，對不對？因為害怕我們和沉沒攪成一團，所以得了知沉沒的過患。然後在經典上讀誦，我們可以讀經，大聲地讀誦來振奮我們的內心。還有看星星、看月亮，好像這些聽起來很浪漫的事情——可能每一個孩子小的時候都看過星星、看過月亮，但是有朝一日我們在座上修的時候，這個星、月光明也可以用來對治沉沒。好像是很美好的這些，在白天發出光明的日輪，在晚上照亮這個世界的月輪，還有滿天的星辰，都可以成為我們對治沉沒的一個美好的助緣。想一想會不會有幸福感呢？ 11'49"

　　聽著這些親切的教授，會不會覺得修定也不是好像一種傳說一樣，離我們非常地遙遠。有一個障礙現起來，就有一個對治法來對治，教得還是滿仔細的，希望大家一定要好好地期許自己！ 12'10"

　　其實修定就是把你所有緣在外在的這些力量——一直透過眼、耳、鼻、舌、身去感受世界、感受自己的這個力量——完全地向內收攝；用一個內在的善所緣，把你所有

的力量集中起來，走向我們的意識深處，那裡才是滿足和快樂的源泉！如果我們的眼、耳、鼻、舌、身一直要透過這種有界限的，比如說視覺是有界限的、聽覺是有界限的，因為超過多遠就聽不到了，什麼東西都是；雖然也會有快樂，但是它會適可而止，是有限度的，它不可能達到極深層的喜悅或者極深層的自在。而修奢摩他就將我們所有的力量匯歸於內心，向內走、向意識深處走的時候，我們才能夠會遇到那種深沉、穩定的喜悅。然後把潛藏的這些焦慮或者負面情緒，或者打結的這些見解也好、感受也好，好像融化了一般，好像消失了一般。這還僅僅是修定，如果又後面再修毗缽舍那，那更了不得！ 13'38"

所以與其對這個世界的狀況嘆息，與其用一層一層的憂愁和焦慮來覆蔽自己的心，不如振奮起來修行正法！有沒有發現每次研討《廣論》的時候，大家都可以對自己的憂悲苦惱產生一個切斷效應──馬上要緣念正法，剛才那個傷心的或者苦惱的心就不見了，因為我們就開始緣念正法。一緣念正法好像那些事情也不重要，好像它退居在世界的某一個角落，一點都不重要，不是好像全部都圍繞著這個苦惱轉。我們心念正法、心念這些佛菩薩的教誨，心

中就有如看到光明一般，心就隨之光明起來了！不要在煩惱裡越鑽越深，要在法義裡越鑽越深，因為這會是讓我們走向那更深刻的圓滿和自在的一條捷徑。會不會覺得很美呢？所以大家要生歡喜心啊！謝謝！ 14'42"

講次0085
滅除沉沒的方法（六）

　　大家好！很高興又到了我們一起學習《廣論》的時間了。在這個時間我們能一起對於教典進行清淨的聞思，在這個濁世間有什麼比這更珍貴的呢？所以大家一定要好好地、專注地聽聞。00'35"

　　今天我們要學習《廣論》370頁第5行，在《廣論》校訂本是第80頁第4行。有沒有準備好？請大家和我一起看原文：00'51"

> 若見心取內觀外觀所緣相不明顯，心如暗覆之相，隨其厚薄，若不斷除而修習者，沈沒難斷，故應數數修能對治諸光明相。01'14"

《廣論》段落
奢摩他校訂本：P80-L4 ～ P80-L6 若見心取……諸光明相。
福智第三版：P370-L5 ～ P370-L6 若心所取……諸光明相。

　　如果發現我們的內心，所執取向內或者向外的這個所緣它不清晰了，那這句話是什麼意思？就是我們在修定的時候，內心所執取的這個所緣有兩種：一種是向外的，一種是向內的，如果發現內心執取向內或者向外的所緣它不清晰了，不清晰出現什麼狀況呢？黑暗。黑暗到什麼程度？就像黑暗全部罩住、籠罩一樣。有的時候可能是厚的、有時候薄的，但是無論是厚薄，如果不消除這樣的狀態繼續修持的話，會怎麼樣呢？就難以截斷沉沒，所以應當反覆地修持對治法的光明相狀。02'13"

　　我們可以看到如果是細微的沉沒，稍微提起心力來它可能就退掉了。但是如果是沉沒很濃厚，它勢力比較強，而且頻率比較高，數數地現起，像那個海上的波浪一樣就數數地來，在這個時候座上修就比較辛苦。這個時候我們這個經典上說，就不要再繼續修下去了。做什麼？前面講過：思惟三寶功德、菩提心勝利、暇滿義大等等，讓我們的心力提高。或者前面還有講過遠眺、觀星星、月亮，甚至用冷水洗臉，這些對治法都是可以起作用的。03'07"

　　這裡邊可能要注意的就是，沉沒來的時候不能忍耐著，因為如果你忍著的話、不加以對治的話，這裡邊說「**若不斷除而修習者，沈沒難斷**」，為什麼？因為它已經那麼濃、那麼厚了，而且勢力這麼猛，如果在這個時候還不斷的話，接下來它蓄積會更猛，那之後就很難斷除。03'38"

　　我們可以理解一下，這個難在什麼地方？一個是它的勢力太猛、太厚重；還有一個難點，當那種厚厚的、暗暗的東西來了，有的人心裡懵懵懂懂地隨著，就像發暈一樣，就那樣隨過去了。其實這是一種平常忍耐的不想對治的狀態，這種狀態和提起心力來對治，它是兩個。所以你不對治也會造成一種難，因為會養成一種習慣，就是來了之後混混沌沌地和它混成一團，和那個暗黑混成一團。這樣的話，自身的習慣和那個越串越猛烈的黑暗這兩者加起來，之後真的是難上加難了。所以這個時候不下手對治，以後就會很難對治。04'28"

　　那麼對治它的方法：「**數數修能對治的光明相**」，前面有列舉。這個「數數修」就顯示了可能不要想：啊！

我修一下它就會被對治掉了。因為有可能是你要狠下功夫，或者說花一分辛苦，好像總有點打不退它的那種狀況。然後堅持修、堅持修，像在光明相或者前面列舉那些，終於有一天我們就可能掌握了，當很濃厚的黑暗覆蓋自己的時候，就可以用一種力量把它推開。比如說可以想像日光穿破了烏雲，或者你想像一種風把雲都掃蕩了——我們那個光明相可以有那種很洶湧的勢力，可以打敗它！05'19"

總攝一下，嚴重的昏沉能不能在座上就繼續修啊？如果你繼續修的話，可能隔壁就會聽到你的呼聲喔！你不僅僅是自己沒有提正念，別人也會被你的呼聲打擾到不能修。還有在黑暗的、沉重的狀態下，裡邊渾沌沌的，但是你還坐在那個地方這樣一小時、兩小時地過去，空耗時間，因為你沒有用這個暇滿的珍貴的時光去精進地修奢摩他，而且跌在那個黑暗裡邊。這種黑暗的、沉重的狀態，是一定要在座上學會處理的。06'06"

這裡邊還是要提醒大家注意到有一個問題，平常我們

覺得身心沉重、提不起心力,然後有些人選擇什麼?趴桌子上休息一會兒,或者睡著了、休息。但是這裡邊是絕對不能在座上睡著的,為什麼?因為如果你一沉重就不對治、就去睡著,那就跟平常沒有修定的習慣是一樣的。而且你會養成一個新的、很奇特的習慣,就是上座就睡了,好好的座上修的時光,全變成你補眠的時光。如果這樣睡,以前師父講過,有的可以睡十年以上,那人生就睡完了!所以睡著了身體上可能是感覺很舒服的,但是這一定是修定的違品,也是空耗時日的一個最佳方式。07'07"

我們雖然把心力提起來的狀態,可能感受上是有點辛苦的,因為要逆習啊,逆著我們的習慣。但是因為要修定的緣故,所以一定要練習,要漸漸地習慣這種提起心力的狀態。不能用固有的習慣去對付這種沉重感,尤其是不能睡著!方法很簡單,就是不要繼續在座上修了,要起座經行或者上面介紹那些方法,或者用一些對治法來對治。因為在對治法類一定要特別注意,這裡邊沒有說當你感到沉重你就在座上睡著;所有的佛菩薩、祖師,都沒有說這種方法是可以的,所以我們就不能自己決定在座上睡著,沒

有這種對治方法。你這樣子肯定是一種失誤！ 08'04"

那如果你太累的話，怎麼辦？如果你太累的話，所有的善知識都建議要下座休息的，不能把座上修和座上睡著混在一起。一開始的時候，可能有的人難免就是座上睡著了，但是一定不能睡習慣了，慢慢地要讓它覺察啊！慢慢建立一個新習慣。08'33"

其實大家還有一種經驗，當你小坐調整呼吸、坐姿放鬆，稍稍一放鬆有人瞌睡就來了，一放鬆，下一道程序我們的身體就要睡著了。所以修定的時候，當我們的身心鬆弛有度的時候，它一定是要緣著善所緣、緣著一個善所緣修定的嘛！要用功的。所以我們會發現：沉重的時候會導致睡眠、特別輕鬆了也會導致睡著，所以在這中間我們一定正知要放進來。修定的人在沉重或者放鬆這兩者生起的時候，我們要提正念，不能鬆到鬆懈、不能沉重到出現那些修定的障礙，一定要警覺！修定的時候要把平常的習慣怎麼樣？用一個新的習慣代替它——修習奢摩他的習慣。09'39"

　　聽聞這些珍貴的修奢摩他教授，對我們實際座上修的時候，幫助實在是太大了！曾經認真地練習打坐的同學有沒有跟我有同感？一開始練習的時候，都拚命地想把這個腿練好、練習雙盤，可以說從早到晚地練習，吃多少苦都不在乎，就是腿痛到都哭出來還會腿都不散開繼續練。那時候會覺得好像練成腿就是一個前行，並不知道要學習一個完整的道次第——念死無常、皈依、菩提心勝利……，依照大經大論這樣嚴格的教授來修習。10'27"

　　實際上如果師父沒給我們講《菩提道次第廣論》，我們可能還是在原來的那些習慣裡邊——好像打坐也不需要太多的教授就可以了。這樣我們會吃很多的辛苦，可能一開始會有一點小小的境界，會出現一些這樣、那樣的事情，很多人就被這個迷住了，然後就以為是發通或者怎麼樣了，整個身心就陷入其中。至於有沒有生起出離心、菩提心，甚至有沒有空正見，打坐的深意是不是為了讓我們的身心去體悟無自性的道理、體悟空性，這個可能很多人也分不清楚什麼叫修定、什麼叫修慧。甚至可能把一點點寧靜的狀態，或者似乎無邊無際的一個寧靜的狀態可能就

以為是空性。這裡邊有很多很多的東西，要在我們學習毗缽舍那的時候再去抉擇的。 11'33"

所以今天學到這些教授，啊！回憶起自己練習靜坐曾經經歷的、走過的山山水水，一定是別有一番滋味在心頭啊！你們呢？但是相見恨晚，與這樣的教授相見恨晚是都有的，但是畢竟是見了呀！走過彎路的同學，更是知道這些教授是多麼、多麼地珍貴呀！真的像明燈、像眼睛一樣，幫我們辨清楚、辨識打坐的當下所應該興起的對治法、善所緣等等，前面講過那些，真的是貨真價實的寶物啊！你都可以用上！有一天我們進行座上修的禪修營的時候，我們反覆地閱讀這些經典，啊！那真是太珍貴了！所以在前行的路上、修行的路上怎麼可能缺少呢？怎麼可能不依靠這樣的教典、教授呢？你們跟我有同感吧！ 12'42"

謝謝！今天就講到這裡，謝謝！ 12'46"

講次0086
滅除掉舉的方法（一）

　　大家好！又到了我們一起學習《廣論》的時間了，請大家發心要為無上正等菩提來聞思。今天我們要學習《廣論》的 370 頁第 6 行，在《廣論》的校訂本裡邊是第 80 頁第 6 行，都是第 6 行。準備好了嗎？那我們要一起看原文。00'46"

　　《聲聞地》云：「應以光明俱心、照了俱心、明淨俱心、無闇俱心正修止觀。如是汝於止觀之道修習光明想時，設有最初勝解所緣相不分明、光明微小，由數修習為因緣故，於其所緣勝解分明、光明轉大。若有最初行相分明、光明廣大，其後轉復極其分明、光明極大。」01'28"

《廣論》段落
奢摩他校訂本：P80-L6 ～ P81-L6 《聲聞地》云……等引其心。
福智第三版：P370-L6 ～ P370-L13 《聲聞地》云……應住其心。

　　《聲聞地》中有說：「要以具足光明、具足光芒、明亮與無暗的心正確地修習止觀。當我們對於止觀道如此修持光明想的時候，即使最初對於所緣的勝解不清晰，並且光明微小，但是透過串習修持的因緣，將會轉為對於所緣勝解清晰，並且光明盛大。如果最初就已經非常清晰了，並且光明盛大，那之後會變成什麼樣呢？就會更加轉為極其地清晰、光明極其地盛大。」02'13"

　　關於這段《聲聞地》文中所說的「**光明俱心、照了俱心、明淨俱心、無闇俱心**」，什麼意思？唐朝的法成法師所寫的《瑜伽論手記》中有解釋說：「光明俱心」指的是什麼呢？是指燈的光明；「照了俱心」是指火的光明，「明淨俱心」是指太陽的光明，「無闇俱心」是指月亮的光明。修持光明想的時候，可以修持燈、火、日、月的這個光明。02'49"

　　我們再往下看，看文：02'54"

　　此說最初所緣分明者尚須修習，況不分明？應取何

> 等光明之相，亦如前論說云：「應從燈明，或大火明，或從日輪取光明相。」如此之修光明相，非獨修習三摩地時，餘亦應修。03'21"

這段《聲聞地》的文中也提到了：縱使從最初所緣已經清晰了，尚且應該怎麼樣？還要修持光明想，更不用說是所緣不清晰了。既然要修持光明想，那麼要執取什麼樣的光明的相狀呢？也是如前面那部論，哪部？《聲聞地》中說明，說：「要從燈的光明」，還有什麼？「火焰的光明，或者從太陽光中執取光明的相狀。」這幾個來源果真是光明，從光明中來取這個光明。04'04"

《廣論》前面也引用了《聲聞地》的說法，說要善加記取光明相。這裡面的「**光明相**」是指什麼？就是《聲聞地》後面解釋的燈光明、火光明、日光明。關於這段《聲聞地》的文，漢、藏的版本略有不同──玄奘大師翻譯的《聲聞地》這段文中有講到燈光明、火光明、日光明、月光明；但是藏文版的《聲聞地》中沒有提到月光明，只有提到燈、火，還有日光明，這是漢、藏兩種譯本

有些許不同的地方。04'40"

這樣修持光明的相狀，是不是只有局限於修定的時候呢？其實並不是，其他的時候也應該修持光明相。記不記得在《廣論‧修習軌理》的段落裡面有教我們睡眠瑜伽，記得吧？那個時候有講到「**善取光明之相**」，懷著光明想而睡眠；懷著光明想來睡眠的話，心中沒有黑暗。所以從道前基礎修習軌理的時候，我們就有修光明想的教授了。一開始不知道你們有認真學嗎？其實在睡前要修光明想，一開始在廣論班的時候很多同學是很好樂的，因為他們會想要比如說右脅而臥，然後緣取一個光明──那時候大家就會想到佛菩薩的光明，或者緣取一個燈的光明。有的人說會在腦海裡照耀著，很溫暖、很安詳，在那種狀態下睡著；可是用一段時間功沒有提醒，就又變成不用功了。05'54"

在《瑜伽師地論》裡邊也有提到很多修光明想的方法，比如說：法光明想、義光明想，還有奢摩他光明想，還有什麼？毗缽舍那光明想。由此可知，修持光明想對於

一個修行人來說是非常重要！ 06'12"

　　好！我們再往下看。到下面的話該是另一個，就是講「掉舉」了。這上面一大段都是強調要光明，所以學了這一段之後，你可能有的時候要認真地觀察一下燈的光明、火的光明，甚至日光明、月光明，去認真地觀察一下。當我們認真地觀察了之後，你就這樣垂簾，想一想能不能把那個光明記取，然後用意識重現。其實在我們觀想供養的時候，比如說供養很多很多燈的時候，還有像我們禮拜佛陀，是觀想一身化現剎塵身，化現出很多很多身，還有一燈化現剎塵燈的時候，都是有一個在意識裡邊明現的作用，或者說這樣的一種修為。所以我們可以平常多練習一下，這樣的話，以後修習到禪定修光明想的時候，就會發現：欸！我已經有一些資料庫了，可以拿出來用。 07'27"

　　好！接下來我們就往下走了，到掉舉了，研究掉舉怎麼辦。看文：07'40"

　　掉舉者，由貪為門，令心追趣色聲等境，此應作意

諸可厭事，能令心意向內攝錄之因。以此息滅掉舉無間，於先所緣等引其心。08'00"

研究掉舉了！「**掉舉**」是什麼？是透過貪欲，而使內心奔馳於色聲等等這些外在的境界。怎麼辦？對此要在心中思惟能讓我們的心意向內收攝的因，什麼？內心厭離的事情。透過這樣修習思惟之後，就止息了這個掉舉——心一直散亂的這個掉舉當下止息，內心就等引於先前的所緣，就是再去緣到先前的所緣。08'38"

現在從沉沒等等移到掉舉，掉舉是——注意——心向外攀緣。那出現掉舉的時候，請問大家：什麼是向內收攝的厭離的所緣？想一想《廣論》上講什麼？對！思惟念死無常，還有什麼？三惡趣苦，對不對？還有很多過患面的，都是可以讓心向內攝的法義。這個時候我們如果修習向內攝，心的起伏波動就會降低，它就會趨於平穩。09'12"

掉舉這種煩惱產生的時候，大家都知道是因為貪的力

量驅使，它的感受性在你心中可能覺得：欸，挺快樂的！內心被美好的事物吸引──我們覺得是美好的，其實夾雜著很多煩惱──我們向外攀緣，造成內心有點興奮狀態，甚至有的時候是過度興奮。過度興奮的這個心好像很難控制、很難控制，比如說我們小時候都有那種自己過度興奮的狀態，父母怎麼說都說不聽，到最後就被呵斥，有的是被呵斥了，對吧？然後才能夠靜下來。10'02"

所以當我們座上修的時候，心過度亢奮，這個時候要怎麼辦呢？就要收攝自己的心，收攝！它所緣的法類就是念死無常、輪迴苦等這些法類，讓自己的心生起厭離，慢慢地舒緩下來這種過分興奮的情緒。等到心慢慢地恢復平靜，我們就又可以繼續修三摩地了，不然我們抱著這個善所緣，或者心裡執持這個善所緣，就在波峰浪谷裡邊，這個心起伏不定是非常不舒服的。10'37"

但是這種貪心肯定是跟上座之前你想什麼了，或者前一天的夜晚我們的夢境裡想什麼了，就跟你平常的串習有關係。也有可能我平常好像沒串習，結果座上修的時候突

然現起來！也有這種狀況。但是不管怎樣，都要去修習一個令內心厭離的法類。11'00"

有沒有發現：又涉及到前面的道次第了？所以我們學習，不是前面的道次第思惟過了、生起過了，後面就用不到，其實還是在座上修的時候，能廣泛地應用前面所修的道次第，所以真的是寶物啊！什麼時候拿出來用，什麼時候都有妙用，所以大家好好地珍惜自己能夠聞思道次第的這個時間、思惟道次第的時間，以後都用得上、當下也用得上，是不是很美妙呢？11'36"

今天就講到這裡，謝謝！11'40"

講次0087
滅除掉舉的方法（二）

　　大家好！又到了我們一起學習《廣論》的時間了，很開心吧！今天我們繼續學習《廣論》370頁最後一行，在《廣論》校訂本是81頁第6行。好！我們一起看原文：00'36"

　　《修次初篇》云：「若憶先時散亂、嬉戲等事，見心時時掉舉，爾時應當作意諸可厭事，謂無常等，由此能令掉舉息滅。次應勵力令心仍於前所緣境無作用轉。」01'07"

　　這部論是《修次初篇》，說：「何時回憶起先前的散亂、嬉戲等這些事情，並且見到內心時不時就會出現這種

《廣論》段落
奢摩他校訂本：P81-L6 ～ P82-L6 《修次初篇》……應善執持。
福智第三版：P370-LL1 ～ P371-L6 修次初編……應善策舉。

掉舉，這個時候要做什麼呢？這個時候就要作意無常等能令內心厭離的事，藉此止息掉舉。接著再努力地使內心無作行地趣入所緣。」01'40"

有沒有聽清這一段？就是上座的時候開始回憶了，回憶以前高興的、散亂的這些事情，由於回憶造成的散亂，我們對治法是這樣的。01'56"

好！我們接著往下看：01'58"

《中觀心論》亦云：「作意無常等，息滅掉舉心。」又云：「觀散相過患，攝錄散亂心。」
02'12"

哪一本論啊？《中觀心論》也提到說：「應當透過作意無常而止息掉舉。」然後《中觀心論》又提到什麼？說：「應當將散逸的相狀視為過患，以收攝散逸。」02'33"

那我現在問大家一個問題：散逸的相狀，要把散逸的相狀視為過患，大家覺得這難嗎？比如說：你回憶起以前高興的、散亂的事情、嬉戲，你回憶的時候高興嗎？很開心的！怎麼樣能夠把這種自己很高興的、很喜歡的事情視為過患呢？它是什麼的過患？是修禪定、是趣向於解脫道的一個過患，對不對？它是一個障礙。所以這個也要經過內心的一番動轉，和見解的一個移動，然後才會發生：喔！我過去喜歡的事，現在發現它是不好的，或者對我沒有利益，還有過患的。我們增長見聞了，對吧？在聞思修的時候增長見聞。所以應當將散逸的相狀視為過患，這個是修出來的，以前我們不會這樣，不會覺得是過患的。一旦視為過患之後，我們就會收攝這個三業，就不想把心放出去體會那種快樂了，因為知道它的過患。對吧？ 03'50"

好！我們再接著往下看，哪一部論啊？《集學論》。03'57"

《集學論》亦云：「若掉舉時，應作意無常而善息滅。」故掉舉太猛或太延長，應暫捨正修而修厭

離，方至扼要；非是心一流散，即由攝錄而安住之。04'20"

　　《集學論》又告訴我們一種用功會遇到的狀況。說什麼？說：「如果形成掉舉了，應當作意無常使掉舉完全地止息。」因此如果出現猛烈或者長久的掉舉，這個時候怎麼辦啊？注意喔！是猛烈而長久的掉舉。怎麼辦呢？要暫緩正修而修持厭離──下面那幾個字：這才是達到關鍵，就是「**方至扼要**」。那並不是每次內心開始散亂、流散的時候，就是：啊！我收回來安住就可以了。不用這種方法。05'12"

　　注意喔！猛烈、長久的掉舉，注意這幾個字：猛烈、長久的掉舉。出現的頻率應該是比較高的，對不對？時間長不長啊？應該是長的。這個人在座上修的時候，回憶什麼、想一些事情，自己挺高興的，而且高興的時間還太長了。他那個高興是完全掉舉產生的。這樣的話，在上座的時候他是很難專注一心的。所以這個時候經典上給我們的指導方案是什麼啊？既然在座上自己自娛自樂都不是用正

法，這麼高興！你就暫停，停下來，暫緩。不然你自己停不下來了，對吧？暫緩。然後開始什麼？要換所緣了！不能在那回憶著那些散亂的因，自己弄得這麼高興，會浪費時間！要開始修習厭離了。而且要生起覺受嗎？要生起覺受，這是用功的關鍵！ 06'12"

注意喔！如果這個教授不知道的話，會不會吃很多冤枉苦頭呢？有一種是在座上拚命自己回憶起事情回憶得挺高興，然後到下座時間就下座了，這一天好像過得還行。但是奢摩他有進步嗎？沒有什麼進步！過得可能還有點歡喜，因為都是回憶一些散亂的東西，所以陷入障礙中而不自知。 06'37"

那還有一種是知道這是不對的，所以就在座上拚命地自己戰鬥，他不是散了嗎？然後拉回來，再散、再拉回來！所以他就靠一種蠻力在拚命地用功。這樣的狀態下，實際上一定會敵不過那種非常猛烈、長久的貪所引起的散亂，所以他就很失敗啊！很失敗，就可能下座之前很沮喪，因為終究還沒有降伏。如果接下來一座又是這樣，接

下來一座又一樣……，接著幾天都這樣子，那可能這個行者應該是會愁眉苦臉吧？ 07'15"

那怎麼辦？一定要有清淨傳承的經驗引導。這是我們非常容易碰到的狀況，如果不知道正確的對治，有的人成年累月的功夫都進步不了，就被這個地方卡住了。因為他沒有注意「暫緩」兩個字，他總是用那種直接拉回來修，他沒有換所緣；這個時候應該修厭患所緣了──修無常什麼。所以注意！出現猛烈或長久的掉舉，一定要暫緩正修而修持厭離的法，這才是達到關鍵！ 07'53"

好！那我們接著再往下看，看原文。 07'59"

掉舉若未強力如許，則由攝錄流散，令繫所緣，如《攝波羅蜜多論》云：「若意掉舉時，以止理遮止。」經中說云：「心善安住。」《瑜伽》釋為掉舉對治。 08'23"

那麼研究這個掉舉。如果掉舉的力量沒有這麼地強

烈，沒有特別強烈的時候應該用什麼對治法呢？就是收攝
流散的內心而安住於所緣，不需要停止奢摩他的觀修。因
為《攝波羅蜜多論》云——《攝波羅蜜多論》說：「何時
心中形成了掉舉，就應當以寂止的方式去除掉。」那麼寂
止的方式是什麼方式？就是把散亂的心拉回來、拉回來，
令我們的內心止住於善所緣。可以說散了再拉回來、散了
再拉回來，就有點像這樣旋散旋收、旋收旋散、旋散旋
收……。在經典中說：「內心善安住。」在《瑜伽師地
論》裡邊就提到「**心善安住**」，是什麼？就是掉舉的對
治。這裡面的「**《瑜伽》**」，是指《瑜伽師地論》。
09'37"

　　有沒有發現這一段講的是一個輕的掉舉的狀況？就是
不是很嚴重的時候請你不要中止，不用暫緩，一直跟那個
掉舉戰鬥就可以了——它把你拉走，你再把它拉回來；拉
走、拉回來，拉走、拉回來……。看誰堅持得久就笑到最
後，對不對？所以是要有一些耐心的，不能拉幾次沒拉回
來自己就心煩了，或者馬上定義為自己可能失敗了。這個
時候就要，你看那個叫什麼？數數地，對吧？內心要一直

把它拉回來。拉久了之後，這個心慢慢就聽話了，因為它產生的不是很嚴重的，它是有一種可以用拉回來的方式，讓它安住在善所緣上，就用這樣的力道就可以控制這個心了。10'37"

好！我們再往下看。10'44"

總之說二：若心掉動，應於所緣善住其心；若沈沒時，於可欣境應善執持。11'00"

總體而言，提到了兩件事：一件事說如果內心掉舉 —— 注意！這一定是見到，內心的正知看到內心掉舉 —— 就要善為安住於所緣；如果內心沉沒的話，就要善為執取歡喜的對境。這兩者它的對治法是不一樣的。甚至掉舉輕的和掉舉重的對治法也是不一樣的，乃至沉沒輕的和沉沒重的對治也是不一樣的。所以，要於這樣的對治法我們先聽聞了，並且在修驗上要慢慢地去熟練它，這是宗大師為我們總攝的兩個非常重要的、修止觀的時候要學會的教授。12'00"

　　有沒有發現面面俱到？我們遇到的狀況，基本上在這裡邊都可以找到要怎麼處理，所以這簡直是一個修止觀的行動手冊。就是說這裡邊你就去找：欸，我這個要怎麼對治？那個要怎麼對治？然後慢慢地在內心上熟練它就是了。而且你們現在還驚訝嗎？我一次又一次驚訝地發現，再讀的時候還驚訝，對於前面的道次第，從道前基礎一直到菩提心、到空性，一直這樣的道次第，發現座上修的時候都用得上，沒有一個用不上的法類！ 12'43"

　　觀察到這些，會不會對於自己經年累月長年地研討《廣論》有一點殊勝想啊？有沒有一點覺得又做對了一件事情啊？因為這都要觀察修的。「觀察修」不修出來覺受，座上修是用不上的，所以我們在廣論班反覆地討論這些，甚至反覆地聞思這些，千萬不要覺得這不是修啊！這是修啊！對不對？這是修——修前面的基礎，然後到修止的時候拿來用才靈光，對不對？ 13'19"

　　好！今天就講到這裡，謝謝大家！ 13'24"

講次0088
辨識產生沉掉的因（一）

　　大家好！又到了我們一起學習《廣論》的時間了，很開心嗎？這週你們過得還好吧！現在我們繼續學習《廣論》371頁第6行，如果在《廣論》的校訂本是82頁第6行。如果準備好了，我們就開始一起看原文了。00'41"

> 如《聲聞地》云：「由是其心於內攝略，若已下劣，或恐下劣，觀見是已，爾時隨取一種善持淨相，令善執持，慶悅其心，是名善持其心。云何善住？即善持時，其心掉動，或恐掉動，觀見是已，爾時還復於內攝略其心，於奢摩他令善安住。」心掉動時，不應作意淨可欣境，以是向外散動因故。
> 01'38"

《廣論》段落

奢摩他校訂本：P82 L6 ～ P83-L5 如《聲聞地》……不樂攀緣。」

福智第三版：P371-L6 ～ P371-LL2 如聲聞地……不樂攀緣。」

現在是哪一部論啊？《聲聞地》中說了：既然如此，內心向內收攝，這個向內收攝的時候，如果發現已經形成了退弱，或者有退弱的可能性、危險性的時候，要怎麼辦呢？這個時候要以任何一種純淨的執持相狀執持，並且產生歡喜，這就是善為執持內心。這裡面的「**善持淨相**」，格西拉解釋為純淨的一個執取的相狀。02'22"

那麼接下來會有一個問題，如何才是善安住呢？如何才是善安住？回答說：是指在善為執持的時候，當發現內心掉舉了，或者有一種會發生掉舉的危險，這個時候要立刻向內收攝其心、收攝我們的內心，並且一定要善於安住於奢摩他。那麼還有一個問題：內心掉舉的狀態下，要不要想一些歡喜的對境啊？不應作意歡喜的對境，因為這是向外散逸的因，也會繼續散亂。03'14"

所以我們總攝一下：在修習三摩地的時候，如果發現掉舉強猛或時間比較長，這個時候還要不要在座上死拼啊？這個時候不要了，就應當暫時停止修定。但是這個時候可能會有一種狀態，就是你不甘心啊！說：「欸！我現

在再試試看能不能成？」試幾次就發現這個很厚重，成不了！不用不甘心，轉趣修習厭離的時候，其實對它對治更有力！所以先讓內心產生厭離，而不要每當這個心掉舉的時候，就把心拉回到原本的所緣境上，為什麼？因為你這樣做無效、沒有用！為什麼無效？因為掉舉的力量強大而持久，我們要審慎地評估這個干擾力，其實它是滿強悍的，如果每次都把它硬拉回到善所緣上，是完全戰勝不了它的。04'25"

所以在座上修的時候，你還要加上很多評估，對不對？你要去評估一下這是什麼等級的散亂。如果是這種又強又猛的等級，就要暫緩，集中火力修習厭離、無常這種法類。這種法類肯定是事先要經過觀察修，然後生起了覺受，這樣你在座上的時候一提，那種狀態又提起來。如果你沒有基礎的話，在座上再開始修習念死無常，那應該要花很長的時間。所以如果我們集中火力，把念死無常這個厭離的法類修起來之後，那散亂它就退掉了，把它勢頭就壓下去了，退了之後再開始又繼續修習奢摩他，對吧？05'28"

這個跟沉沒的那種對治方法是一樣的，太猛的時候都要暫緩，不能死拼硬打、只有一個蠻力——「啊！什麼都不怕，我就這樣修下去了！」好像一股強猛的心力提起來，覺得可以退卻它。有一些修行人是這樣，心力比較強猛，但這裡邊教的方法不是這樣的。要善學！05'53"

那麼還有一種狀況，如果掉舉不太嚴重，這個時候可以醒覺自己，就是告訴自己把心數數地拉回來，並且安住在原本的所緣境上就可以了；不用大動干戈要暫緩什麼，不用！就輕輕地拉回來、拉回來就可以了。06'13"

另外還有重要的一點，就是心掉舉的時候，不應該思惟自己所喜愛的事物，因為那會讓心更加散亂。這個是指隨順於煩惱類的，對吧？不應該這樣去想，因為心會更散亂。06'30"

接下來我們要開始學習「**明能生沈掉之因**」，要到下一個篇章了，請大家再和我一起看原文，準備好喔！看原文「**第二**」，科判有個「**第二**」。06'49"

第二、明能生沈掉之因者：《本地分》云：「何等沈相？謂不守根門、食不知量、初夜後夜不勤修行覺寤加行、不正知住，是癡行性、耽著睡眠、無巧便慧，懈怠俱行欲、勤、心、觀，不曾修習正奢摩他，於奢摩他未為純善，一向思惟奢摩他相；其心昏闇，於所緣境不樂攀緣。」07'22"

《本地分》裡邊在說什麼？在辨識產生沉掉的因。《四家合註》裡巴梭尊者有解釋這段《本地分》的文。《本地分》中說：「什麼是沉相？」這裡的沉相不是指沉沒的行相，而是指沉沒的因；「相狀」那個詞，有時候可以理解為「因」的意思。那麼什麼是沉的因呢？注意喔！沉的因，就是說這個沉是怎麼形成的。注意！不守護根門、飲食不知量、不勤於初夜與後夜不入睡的加行，以及不正知住，就是處於一種不正知的狀態。上面這四個就構成了沉、掉二者——注意——共同的因。08'19"

關於「初夜後夜」，是指什麼時候呢？一般來說，晚上六點到十點叫初夜，十點到半夜兩點是中夜，半夜兩

點到早晨六點是後夜。注意！初夜和後夜不入睡，就是指修行者非常精進，在晚上六點到十點這一個段，注意！六點到十點是一個階段，以及半夜兩點到六點，這兩段時間都不選擇睡眠，只有中夜──只有中夜幾點到幾點啊？十點到半夜兩點──這個時間是睡眠時間。09'07"

算一下只睡四小時，大家會不會覺得：「哇！這個好像是天天加班一樣，修奢摩他是滿辛苦的！這樣會不會缺睡眠啊？」其實當你修定的時候，因為你每天都是心於善所緣境，會覺得精神很飽足的。因為這個狂心經過慢慢、慢慢地給它套上繩索去訓練的時候，它慢慢、慢慢地安靜下來的時候，沒有那麼多散亂或者浪費心力的地方，會覺得很清淨、很滿足，精神是很飽足的，不會很累、很匱乏睡眠的樣子。而且慢慢地修行、慢慢地修行，身體舒適的狀況也是遠遠地超過沒有修奢摩他的時候，有的時候也會身心特別地輕盈、不重。有的修行者是不願意多睡的，因為睡了會覺得重，還不如座上修舒適。10'16"

接下來講沉沒的因，比如說：現行愚癡、嗜睡、不了

知方法，這三個。這裡邊說的「**耽著睡眠**」，藏文直譯是睡眠厚重；這裡邊的「**無巧便慧**」，藏文直譯過來就是他不了解方法，沒有了解方便的智慧。10'40"

我們這裡邊談一下：注意！沉沒和掉舉這兩個居然它們有共同的因，有沒有很驚訝？不守護根門是它倆共同的因。「**不守護根門**」，明明知道自己對某一些境界容易生起煩惱，卻沒有刻意地避開，依舊放任不管，就是不守護根門；「**飲食不知量**」，就是吃飯沒有算好，對吧？或者吃太多了、或者一下又吃太少了——吃太多上座就重重的，那就不堪設想，只能昏沉了；吃太少你會覺得有點無力，或者有一些這樣、那樣的狀況，都會影響修定的。所以這個飲食的問題要下點功夫去研究，怎麼樣是合乎於自己修定的這個量，因為修定的時候吃的飯跟不修定還是不一樣的，你對自己身心開始修習善所緣的時候需要的飲食到底是多少自己要了知。11'47"

不勤於初夜與後夜不入睡的這個加行，就是在夜晚的初夜與後夜兩個時段不精勤修善。為什麼他不精勤修善？

因為他想睡嘛！這時候想睡有個詞叫「貪著睡眠」。在修奢摩他的時候就認為這是貪著睡眠。12'10"

「**不正知住**」，就是平常的時候——注意——座下的時候經常胡思亂想，甚至連自己想什麼都不清楚了。就是我們這個頭腦也沒有章法，亂緣！甚至這一天思路非常混亂地度過去，怎麼樣過的都不知道，這就叫不正知住。12'43"

所以我們會發現這些狀況在沒有正修奢摩他之前，其實我們都可以做個準備的。比如說不密護根門，我們可以密護根門；飲食知量，你現在就可以算一算；不正知住，平常就不要亂緣，因為胡思亂想久了之後，心就像跑馬場一樣跑習慣了，你如果讓它正知住的時候，它就很不聽話，我們就自己很辛苦。有沒有發現這些教授還是滿親切的，找到這些因，我們透過對身心的觀察都可以發現一、二，因為它就是以身心作為一個儀器來修行的。13'26"

這講本來我要講得長一點，但如果把後面那段再講完

就可能超時了,所以就留在下一次講。希望你們能夠聽得歡喜,這個時候能夠把心緣在法上,產生一個歡喜心,這就是我希望諸位能夠透過緣法產生的歡喜。這個歡喜是沒有什麼事情可以奪走的,因為是屬於你自己在正法上努力所得到的這種歡喜,希望大家法喜充滿!謝謝! 14'06"

講次0089
辨識產生沉掉的因（二）

　　大家好！很高興又到了我們一起學習《廣論》的時間了。還記得上一次我們學到哪裡了嗎？在《本地分》中宣說「能生沉掉之因」。請大家翻開《廣論》371頁倒數第4行，《廣論》校訂本第83頁第1行。看書！ 00'47"

> 《本地分》云：「何等沈相？謂不守根門、食不知量、初夜後夜不勤修行覺寤加行、不正知住，是癡行性、耽著睡眠、無巧便慧，懈怠俱行欲、勤、心、觀，不曾修習正奢摩他，於奢摩他未為純善，一向思惟奢摩他相；其心昏闇，於所緣境不樂攀緣。」 01'24"

《廣論》段落

奢摩他校訂本：P83-L1 ～ P83-L5 《本地分》云……不樂攀緣。」
福智第三版：P371-LL4 ～ P371-LL2 本地分云……不樂攀緣。」

　　什麼是沉的因呢？就是指不守護根門、飲食不知量、不勤於初夜與後夜不入睡的加行，以及不正知住。這四個是沉掉二者共通的因。那麼接下來是講沉沒的因：「**是癡行性、耽著睡眠、無巧便慧**」，也就是現行愚癡、嗜睡、不了知方法。這是上一次我們學過的，還記得嗎？02'08"

　　那麼今天就接著把這段文往下學。接下來還是在講沉沒的因：是指具有懈怠的欲求、具有懈怠的精進、具有懈怠的心，還有具有懈怠的觀擇；這裡邊「**懈怠俱行欲、勤、心、觀**」的這個「俱行」，就是具有的意思。那麼「懈怠俱行欲」是什麼意思呢？就是具有懈怠的欲求。「懈怠俱行」要跟後面的「勤、心、觀」三個連在一起理解，就是具有懈怠的精進、具有懈怠的心、具有懈怠的觀擇。03'01"

　　接著，也還是沉沒的因。就是他沒有串習寂止、沒有熟練寂止而作意片面的寂止。「沒有串習寂止」是什麼意思？就是他沒有常常地修行禪定。另外「沒有熟練」就是

他對於怎麼樣修定是不熟的，作意片面──一段的寂止。還有內心處於黑暗、不喜歡投注於所緣，這個是說他心裡的一個習慣性是處於黑暗中。那麼這個黑暗是跟什麼比的呢？跟心裡緣著一個善所緣後的那種狀態，說投注於善所緣之後；而他是比較黑暗的，因為沒有什麼所緣，懵懵懂懂的。03'58"

接下來，「**一向思惟奢摩他相**」，格西拉解釋說：這裡的「一向」是指一部分，就是指局部的意思。「一向思惟奢摩他相」就是指偏於一邊，成為一種偏頗，這就不是修真正的寂止，只是具有寂止的部分特徵。舉個例子來說，比如說明分、住分，這些都是修寂止的時候必須具備的這些特徵，但是如果你只在其中的住分上努力，而忽略了明分的話，就會導致什麼？導致沉沒產生了。這種狀態就是這裡邊說的「一向思惟奢摩他相」。04'50"

那麼沉沒的因有哪些？再跟我回憶一下：睡眠厚重、心在面對所緣境的時候過於放緩、偏重於止修、忽略觀修、內心昏暗，還有什麼？對於修定缺乏興趣！這是沒有

歡喜心、沒有欲求，對於修定缺乏興趣，不知道修定的勝利。05'17"

問大家一個問題：在修止的時候需要觀察修嗎？全面修止就可以了吧？因為這是修止，又不是修觀。你們的想法呢？有些人認為修止的時候完全不需要觀察修，在修止的時候忽略觀察修，這個見解是對的嗎？是錯誤的！為什麼呢？譬如散亂和昏沉，這兩者要怎麼對治呢？當散亂和昏沉又猛烈、又長久、頻率又高的時候，需要觀察修嗎？需要觀察修來對治吧？這個是一定要的！所以我們一定要重視觀察修，這是一個我們一定要學會的修習奢摩他的經驗。不可以在修止的時候，只是偏重於止修，該觀察修的一定要馬上觀察修，不能在見解上或者在覺受上只是耽著止修，一定要記得修止的時候是需要觀察修的！06'32"

有沒有發現又到了前面的道次第了？前面涉及到要憶念暇滿義大、三寶、菩提心的利益。掉舉要用到的是什麼法類？無常的法類。那麼此處在探討掉舉的因的時候，居然修「密護根門」出現在什麼？首位，對不對？如果不修

的話，就會成為散亂的因。大家想一想，最散亂的因，現代社會是什麼？你會選手機嗎？手機是一個好像沒法密護根門的一個方便，手機上面有很多很多讓內心生起各種煩惱的消息，包括憂慮、悲憤、絕望……，因為它是沒法抉擇、沒法選擇地就出來了。還有看一些有煩惱的——心裡雖然高興，但是它會生煩惱——令心歡喜的生煩惱的東西，也是一樣會妨礙生起禪定。07'40"

如果是這樣的話，你們到修定的時候怎麼辦？是不是要請大家來集中在修定的禪修中心裡邊，第一件事就是把手機收起來，都放在一個地方。你們屆時受得了嗎？要和手機別離。看一看手機上的消息，你三天沒看其實也不會發生什麼太大的事情，因為它很快就過了，輪替得特別快；而我們在這種輪替中，會消耗了生命中聞思修正法的時間，是非常不划算的！大家可以想一想怎麼辦？減少用手機的時間。08'24"

在《廣論‧修習軌理》中有講到密護根門，就是對治對境的時候放逸諸根。在密護根門的修練裡邊，你們有照

著練嗎？師父在鳳山寺的時候，有帶法師們修練根律儀，多少年過去了，法師們依然在這點上精進努力，包括很小的沙彌都很認真地學習密護根門那些學處。所以在修學正法的這條路上，僧伽真是我們修學的最佳助伴！他們走在前面率先聽聞、思惟、修學佛陀的教證二法，所以大家修定的路上也並不孤單，因為他們都有經驗。09'09"

所以應該殷重地祈願上師三寶的加持，讓我們能夠積聚修學奢摩他的資糧，以奢摩他的有力之手握緊無自性的寶劍，去砍掉無明的輪迴之根，這才不枉負此生啊！所以大家一定要好好地努力！ 09'34"

現在疫情好像很嚴重，但是也不要一直心亂、一直憂惱，還是要把心靜下來好好學法，去造善因。因為畢竟善因才能結出樂果，如果太多的憂惱也不濟事。希望大家多保重！今天就講到這裡，謝謝！ 09'57"

講次0090
辨識產生沉掉的因（三）

　　大家好！很高興又到了我們一起學習《廣論》的時間了。這一週你們過得還可以嗎？現在要學習了，大家要專注喔！請大家翻開《廣論》371頁倒數第2行，《廣論》的校訂本是83頁第5行。上一次我們學到沉沒的因，宗大師引了《本地分》告訴我們沉沒的因有哪些，有些是沉沒與掉舉共通的因。接下來我們一起學習大師對於《本地分》這段文的解釋，請大家跟我一起看文：00'59"

> **沈沒相者，於此應知是沈沒因。「懈怠俱行」者，通勤、心、觀。01'12"**

　　說沉沒的相，在此應當了知就是指沉沒的因。《本地

《廣論》段落
奢摩他校訂本：P83-L5 ～ P84-L1 沈沒相者……即如前說。
福智第三版：P371-LL2 ～ P372-L3 沈沒相者……如前廣說。

分》所說的沉相，不是指沉沒的行相，而是指沉沒的因。這裡邊的「**懈怠俱行**」，就是具有懈怠的意思。然後大師還特別解釋說：「具有懈怠」也要結合到精進、心與觀擇，也就是具有懈怠的精進、具有懈怠的心，以及具有懈怠的觀擇。01'51"

聽起來會不會很奇怪？精進就是對治懈怠的，怎麼會有懈怠的精進呢？你們能解釋嗎？那看看語王尊者是怎麼解釋的。語王尊者在《四家合註》裡邊有解釋說：具有懈怠的精進的意涵，不是指具有真正的懈怠，而是將「鬆懈了所緣的執取相」，命名為「懈怠」。因此具有懈怠的精進，不是指具有真正的懈怠的精進，而是指「鬆懈了所緣的執取相的精進」。換句話說是什麼意思呢？他在精進的時候，他所緣的這個執取相不夠有力，鬆懈了，這個時候就出現了鬆懈所緣的執取相的精進。也就是什麼？也就是具有懈怠的精進。那麼同樣地，具有懈怠的欲求、具有懈怠的心、具有懈怠的觀擇，也是可以這樣類推的。03'05"

以上我們學完了沉沒的因，接下來我們要學習掉舉的

因，跟我一起看文：03'16"

> 又前論云：「何等掉相？謂不守根等四，如前廣說。是貪行性、不寂靜性、無厭離心、無巧便慧，太舉俱行欲等如前。不習精勤，未嫻善持，唯一向修；由其隨一隨順掉法親里尋等動亂其心。」
> 03'44"

接下來宗大師有解釋這段《本地分》的文，我們接下來再往下看。03'50"

> 掉舉相者，謂掉舉因。太舉者，謂於可欣境太執其心；與此俱行欲等四法，即如前說。04'04"

說掉舉的相狀，注意喔！就是指掉舉的因。堅持，是指所緣的執取相過度緊繃；太過堅持，就是指對於歡喜的對境過度地執持內心。而具足此的欲求等，就是前面講過的那四個：具足太過堅持的欲求、具足太過堅持的精進、具足太過堅持的心，還有什麼？還有具足太過堅持的觀

擇，太過了！04'46"

巴梭尊者有解釋這段《本地分》的文，「**前論**」就是指什麼？就是指《本地分》。那《本地分》中說什麼呢？《本地分》中說：什麼是掉舉的相狀或者起因？04'59"

這裡的「**掉相**」不是指掉舉的行相。05'02"

注意！是指掉舉的因。05'04"

那麼掉舉的因有哪些呢？05'07"

就像前面說的，還記得什麼？不守護根門等四者，也就是不守護根門、飲食不知量、不勤於初夜與後夜不入睡的加行，以及不正知住。幾個？四個。還有其他掉舉的因，比如說：現行貪欲、具有不寂靜的本性、內心沒有厭離，而且還不知道方法——這裡邊的「**無巧便慧**」，藏文直譯過來就是不了知方法、不了知方便。05'50"

還有哪些掉舉的因呢？如同前面所說的，具有太過堅持的欲求、具有太過堅持的精進、具有太過堅持的心，還有具有太過堅持的觀擇。這裡邊「**太舉俱行欲**」，「太舉」就是太過堅持，「俱行」前面解釋了，什麼意思？具有的意思；所以「太舉俱行欲」就是指具有太過堅持的欲求。它過頭了，就是你把這個心抓得太緊繃也是不可以的。那麼不串習精進、沒有熟練善加執持而只修持局部，這個格西拉解釋說：這裡邊的「**唯一向修**」，就是指「唯一向修太舉」。是什麼意思呢？還是過度緊繃、過度內攝，導致掉舉產生了，有失平和適中的意思。就是他用力太猛了，太猛反而讓這個心沒法安住，用太大的力氣壓得反而他散亂、掉舉了。07'02"

那麼還有什麼是掉舉的因呢？好像太多了對不對？比如說在座上修的時候，他突然思慮親友了，還有跟這些相關的錢財，比如說房子怎麼辦啊？甚至有人想：下座吃什麼呀、穿什麼呀！都出來了。就是說這些由於任何與掉舉相順的法，而導致內心散亂，想吃的、想穿的、想任何東西，甚至有人想自己看過的什麼其他書——當然不是指經

典，不是一個善所緣——這個都導致內心散亂。07'49"

前文那裡邊的「**親里尋**」，為什麼是親里尋呢？其實就是尋思親友的意思，這是玄奘大師翻譯的。尋思親友就是你想念親人了，這個也會導致散亂。有在聽嗎？08'07"

總攝一下，掉舉的因有哪些？貪愛五欲、具有不寂靜的這個本性，還有沒有厭離心，又不了知方法、心在面對所緣境的時候過於緊繃、無法持續精進地修善、沒有熟練善加執持而只修持局部、思慮親友……。有的上師也說：「哎呀！跟親友互動太過頻繁了。」天天打電話，然後上座坐下來腦海裡就過那些電話的內容，或者手機上的內容，而對於自己的善所緣卻忘了，這個都是違緣啊！能夠造成內心散亂的這些因素。有沒有發現？列舉出來還滿多的，好像不修定的時候大多數都是散亂的因。09'14"

講到此處的話，你們會不會覺得：哇！那修定之後我要過一種怎樣的人生呢？好像這些都要戒掉的感覺。就是

有一種新習慣，這種習慣就是修禪定。一種好的新習慣的養成，開始是有點辛苦，但是有人也很快就進入、有人花點功夫。比如說像上《廣論》，原來是沒有習慣上《廣論》的，現在就堅持這麼多年了，也挺好的。所以大家不要對於「我要進行一種新習慣」感到畏懼，因為這種習慣會帶我們走進空性，走進出離輪迴的快樂，帶我們走向菩提心……，很多美好善樂的東西由於修定、精勤修定都會一起來了。所以這個新習慣是非常值得期待、值得養成的，值得花點心血、花點功夫把它養成。10'07"

不要擔心！努力學下去，照著經典上的這樣去聞思修，為什麼我們就不能修起來？10'22"

好！今天就講到這裡，謝謝大家！10'27"

講次0091
不作行的過失

　　大家好！很高興又到了我們一起學習《廣論》的時間了。這一週大家過得還好嗎？還記得上次我們學到哪裡了吧！翻開《廣論》372 頁第 4 行，在《廣論》的校訂本是第 84 頁第 2 行。請大家和我一起看原文，記得要專注！00'43"

> 由是前說未修中間行持章中所示防護根門等四，於滅沈掉為要；復次，顯然由知彼諸因已，若勤遮滅彼等，於滅沈掉極為利益。01'07"

　　說既然如此，在前面講到的座間，就是在下座的時候，在座間行持的那個章節中有提出守護根門等四個，這

《廣論》段落

奢摩他校訂本：P84-L2 ～ P84-L10 由是前說……決擇軌理。
福智第三版：P372-L4 ～ P372-LL6 由是前說……三摩地之法故。

179

四個對於遮除沉掉這兩個都是相當重要的。在《廣論》道前基礎〈修習軌理〉的時候，有講到「未修中間應如何行」，還記得吧？《廣論》中說：「**復應學習四種資糧，是易引發奢摩他道、毘缽舍那道之正因。**」大師在〈修習軌理〉的時候就告訴我們，學習四種資糧是容易引發奢摩他和毗缽舍那道的正因。那麼還記不記得四種資糧是哪四種？密護根門、正知而行、飲食知量，還有什麼？精勤修習悎寤瑜伽。大師在奢摩他的章節裡邊，又再度地提到了四種資糧它的什麼作用？對於滅除沉掉來說它是相當重要的！ 02'30"

另外，很顯然，如果知道了沉掉的因，接著精進地遮除沉掉的因，對於截斷沉掉會有極大的幫助——能遮除沉掉的因，就能夠避免生起沉掉。接著再往下看：02'52"

> 故沈掉雖微，皆以正知覺了，沈掉若何悉不忍受，須畢竟滅。若不爾者，《辨中邊論》說是名「不作行」三摩地過。03'11"

　　這一段是在講什麼呢？是說：因此即使是微細的沉掉，也都應該用正知察覺，無論是哪一種沉掉，能不能忍受？都不能忍受！在任何情況下都必須遮除沉掉（須畢竟滅）。這是大師告訴我們一個修定的修行人應該有的見解，或者應該有的一個狀態。03'38"

　　那麼如果不這樣做會發生什麼事情、會怎麼樣呢？像《辨中邊論》就提到：這就是名為「不作行」的三摩地的過失。在《辨中邊論》中說：「**懈怠忘聖言，及沈沒掉舉，不作行作行，是為五過失。**」這個偈頌講到了修奢摩他的時候會出現五種過失，其中第四個過失就是「不作行」。那不作行是什麼意思呢？顧名思義，就是沒有動作、沒有行持的意思。在什麼時候沒有行持呢？當我們的心中出現沉掉的時候，沒有立刻出現對治的動作，就是沒反應——沒有行持沉掉的這個對治品，這個就叫「不作行」，它是一個過失。有聽清楚吧？04'44"

　　我們再往下看原文：04'48"

故或念云： 04'50"

有看到吧？ 04'52"

微細掉舉及散亂等，於初時中斷亦不絕，故不應斷。 05'03"

於是呢， 05'05"

於是捨棄。又謂：彼等若無猛利、連鎖過長，則力微劣、短促，不能造業，故不須斷。不為斷彼而起作行。 05'20"

這一段列舉了兩個錯誤的想法。 05'25"

說那個修定的人如果心裡想：微細的掉舉、散亂等等，即使在最初就截斷也沒辦法去除掉，所以就不必截斷了。於是就放著不管。 05'42"

還有另一種想法，他心裡想：這些只要不至於過分地猛烈與太過長久而連綿不絕，那麼它們的力量很微弱，而且時間也短暫，不會造業，所以就不需要截斷它。於是也就不為了斷除這些而有所作為。06'06"

這裡邊出現了一個「**連鎖**」，在法尊法師譯的文改譯了一下。這個「連鎖」，有一位善知識解釋它說：就像用一個很長的繩子把羊群拴成一長列，稱之為「連鎖」；在此處，將內心的分別接連不斷地產生，取名叫「連鎖」。好像我們內心有個連鎖店一樣，接連不停地產生和運動。06'38"

那麼在修學三摩地的時候，注意！縱使掉舉與散亂細微，也應該用正知觀察到，並且在察覺了之後要想辦法迅速滅除！在這個時候，可能有些人就會認為：微細的掉舉與散亂雖然是應該可以加以對治，但是因為在剛開始的時候難以對治，所以就不管、放著不管。或者認為：由於力量微弱、生起的時間也短，對於成就清淨的三摩地它好像不會造成負面的影響，所以就不須斷除。這兩種想法都是

錯誤的！是因為什麼？是不了解如何修清淨的三摩地。
07'30"

你們覺得有一天你們上座，會產生這兩種想法嗎？還
是有比這兩種想法更誇張的？接著往下看啊！看文：
07'43"

**此皆不知修習清淨三摩地法，詐現為知，欺求定
者，以其背離慈尊等師，於修三摩地法決擇軌理。**
07'59"

這一段就是總結，把上面列舉那些想法總結一下。說
以上這些想法，都是實際上不了知如何修持清淨等持的方
法，他不知道怎麼樣修習清淨的三摩地的方法或教授，但
是卻裝作了解而欺騙希求等持的人。如果這種說法，他是
裝作了解給你講的。給什麼人講呢？給希求等持的人。為
什麼這樣說呢？因為這已經背離了至尊慈氏等大善知識所
抉擇修定方法的軌理，他沒有依據，而且徹底地背棄了。
所以如果有這些觀念，我們學了這些教授，就會知道還不

了解要如何修學清淨的三摩地，因為那些見解已經完全背離了至尊慈氏所抉擇的修定方法。09'06"

那麼我們現在再去了解一下。比如說沉中有粗、中、細三種，有善知識解釋說：沒有力量與澄淨分二者，是粗分的沉；沒有力量，只有澄淨分，是中等的沉；雖然有澄淨分，但緣取的力量略微降低，是細分的沉。那麼掉舉是不是也分粗、細兩種呢？掉舉也有粗、細兩種。譬如在觀修佛像的時候一時忘失，從心的境界中失去了所緣；失去所緣之後，就是粗分的掉舉——就是觀佛像的時候佛像沒有觀出來了。那麼細分的掉舉是什麼呢？在《掌中解脫》中有舉了一個例子，說所緣境雖然沒有喪失，他還是有所緣的，但是在心的一角——他心裡邊的一個角落，分別心已經開始了。像什麼呢？就像冰下暗流湧動一般，可愛的境相即將現起還沒有現起，這樣的掉舉就是細分的掉舉。10'35"

他用水在冰層下流動——水在冰層下流動可以被發現嗎？對細心的人可以看到的，仔細觀察是可以觀察到冰下

有水，也可以說因為冰是透明的；那我們用力的話，也可以看到細分的散亂，或者說細分的掉舉。所以我們覺察得再仔細一點、再專注一些，就會注意到細分的掉舉已經在湧動了，這種觀察力是一定要修習的。11'15"

所以大師教誡我們說：無論是粗分的還是細分的沉掉，都是我們應該要──注意──即時察覺，而且要即時對治的；即使是最細分的沉沒，我們也要即時地察覺、即時地對治。就是不能耽誤時間，反應速度要夠快，觀察力要夠敏銳，然後起對治的時候也要非常快，為什麼？因為那時候的心思已經很敏捷、很細緻、很精美！ 11'53"

今天就講到這裡，謝謝大家！ 12'01"

講次0092
交替修習住分及明分力

　　大家好！很高興又到了我們一起學習《廣論》的時間了。請大家翻開《廣論》372頁第9行，在《廣論》的校訂本是第85頁第1行。請大家跟我一起看原文，這一段稍微有點長，記得要專注！ 00'40"

　　如是滅沈掉時，亦多先為掉舉、散亂所障，故須勵力斷彼。由此勵力便能止息粗顯掉、散，獲少住分，爾時應當勵防沈沒。心中勵力防慎沈沒之時，又有較前微細掉舉障礙安住，為斷彼故，又應策勵。掉舉退時，住分轉增；爾時又有沈沒現起，故於斷沈又應勵力。 01'25"

《廣論》段落

奢摩他校訂本：P85-L1 ～ P85-L7 如是滅沈⋯⋯而起希求。

福智第三版：P372 L9 ～ P372-LI3 如是滅沈⋯⋯而起希求。

　　有沒有聽到這一段裡有好多「**勵力**」？就是要打起精神來！這一段在講什麼呢？說如此地遮除沉沒與掉舉的話，大多數人最初會被掉舉與散亂所阻礙，掉舉和散亂會先來，所以必須努力地斷除掉舉與散亂。那麼透過這樣的努力去除了粗顯的掉舉與散逸的時候，你就能夠稍微地獲得了一點什麼？那個叫住分，心就稍微老實一點了。那這個時候夠不夠呢？不夠！還要努力地防範沉沒。注意！大師說：「**勵防沈沒**」，大師用了一個「勵」字，這是一種用功的狀態，是很精進的，是打起全部的精神要防護沉沒了！ 02'25"

　　當我們的內心努力防範沉沒的時候，注意！又有一種東西出現了，什麼？就是細的掉舉，比先前更微細的掉舉出現了！它依然能夠障礙安住，所以還要努力地截斷這些掉舉。當遮除這些掉舉的時候，住分──注意！第二次了──住分又會比以前更加地增強了。注意！這個時候又怎麼了？又會產生沉沒了，所以還要努力地、努力地截斷沉沒。有沒有發現？好幾個回合對治、觀察、對治、觀察……。 03'13"

再繼續看原文：03'16"

> 總之當從散、掉錄心，內繫所緣而求住分。隨生住分，即當勵防沈沒，令發明晰勢力。此二輾轉修習無過勝三摩地，不應唯於澄淨住分全無持力俱行明分而起希求。03'46"

總之，要將內心從哪兒收回啊？從流散和掉舉中收回。向哪裡安住？向內安住在善所緣上，而尋求什麼分？住分。一旦住分生起了，就要嚴防沉沒，顯發清晰的力量。「**此二輾轉**」，此二輾轉，問大家：「此二」是哪兩個在輾轉？你們會答什麼？你們會答流散與掉舉嗎？還是會答散亂與昏沉？但是如果你這樣答的話，要看看後面的文。說「**此二輾轉修習**」，「修習」，要這兩個來回地修習的，所以不可能是修散亂與昏沉，對不對？一定是修對治散亂和昏沉。那修出什麼呢？修出什麼？住分與明分力。所以「此二」是指什麼？就是指住分與明分力。05'05"

那麼我們現在再聚焦一下「**輾轉**」，輾轉在此處要如何

理解呢？應該就是交替進行，來回、來回地這樣輾轉。就一圈一圈地，這個完了、那個馬上出現，其實有點像唱戲一樣，你方唱罷我登場，它不能間斷。它那個粗細的散亂與沉沒不間斷，我們的對治也不間斷，對吧！做什麼呢？要修持沒有過失的等持。只有這樣不停地努力、不間斷地清掃，才是正確地修習沒有過失的三摩地的方法。05'48"

你們會覺得麻煩嗎？剛開始練習的時候，其實大家會覺得：欸！有點怎麼好像一直調不對一個狀態。但是一直一直練習下去，獲得了經驗、越來越多的經驗之後，這個心就慢慢地聽話，慢慢地訓練它，是可以調伏的。06'12"

那麼錯誤的方式是什麼呢？就是他的願望希求什麼？僅僅澄淨的住分，卻沒有執取相的力量的明分——他的力度不夠，他不希求於力度。是不應該希求僅僅澄淨的住分，而不具足執取相力量的明分的。當住分生起的時候，我們能專注地安住在所緣上，然後這個時候可能會覺得內心是很穩定的，是前所未有的穩定和舒適的。但是大師教誡我們不應該希求這樣的住分，因為如果沒有具足執取相

力量的明分的話，即使獲得了這種住分，還在什麼裡面？還在沉沒當中喔！即使覺得很舒適、非常地安靜、前所未有地安靜、沒有經歷過的安靜、沒有經歷過的穩定，但這不可能是真正的寂止，因為還在沉沒當中，所以一定要嚴防沉掉。07'24"

聽到這裡的時候，你們會不會覺得：「哇！如果我用功用到了一個前所未有的狀況，就覺得功夫很有長進，那麼我今天達到的高度是不是就是正確的三摩地呢？」這個時候怎麼辦呢？不能自己以為是正確就正確，要看經典，因為這裡邊如果明分力不夠、力量不夠的話，是有問題的。正確地修持三摩地的方法，一定會修出沒有過失的三摩地，它是真正的三摩地；一旦方法上有錯的時候，是不可能得到三摩地的——真正的三摩地。08'07"

注意！很多用功一定要源於什麼？發現。假如發現內心已經開始向外流散——這一定是一個正知力觀察很及時的——發現內心已經向外流散了，或者出現掉舉的時候，這個時候該怎麼辦呢？應該先收攝，就像收雨傘一樣把它

收起來，收攝自心，讓我們的心安住在哪裡？善所緣上。修持什麼？住分。然後當心安住在善所緣之上之後，要防一個東西，那個東西是什麼？沉沒。你說：這個心在這個善所緣上很老實的，它沒有想到處跑。但是在這個地方停久了之後，它會出現沉沒，這個時候要努力讓心呈現出什麼力？明分力。所以在修學三摩地的過程中，住分與明分力兩者一定要怎麼做？交替、交替修習，相互地配合，然後這樣才能修成真正的奢摩他。絕對不要只希求「只有澄淨分而沒有明分力」的三摩地，只希求住分是不行的！09'33"

那麼我們會不會思考：它的次第到底怎麼排呢？在我們座上修的時候，在修學奢摩他的時候，沉、掉兩者當中先出現掉舉，要先用正念、正知對治。這個時候是粗的、還是細的——剛出現的？是粗分的掉舉。那麼經過對治，就是它跑你抓、它跑你抓，這樣子一直收攝、一直收攝，然後內心就獲得了少許的住分了，注意！少許的住分。10'14"

這個少許的住分可能也是我們沒經歷過的，是很美的！可是這個時候有可能產生沉沒，接著你要再用正知、正念——用正知觀察、用正念對治——對治沉沒。然後沉沒又控制了，以為好了！接著又會再次地產生微細的掉舉，讓我們內心安住的這個力量受到影響了，這個時候還是要用正知去發現，然後正念就把它覺察調回來，注意！來斷除微細的掉舉。記得冰下有水的那個喻吧！10'59"

那麼遮止了微細的掉舉之後，是不是就沒有事情了呢？注意！有微細的沉沒又出來了，這個時候還是以正念、正知首先要了解什麼是微細的沉沒，而且了知了之後、觀察到了之後，要勵力對治，勵力對治喔！就是你的精神、你的戰鬥狀態，對這個非常微細的掉舉要全力以赴地去對付它，讓我們的心一直保持在非常有活力的、有精神的這樣一個狀態。人是在蒲團上安住不動的，但是精神是全力以赴地在對付散亂、昏沉、粗細的這些問題。而且是不間斷地、反覆地修習，是滿精進的、沒有虛度人生的。12'06"

這一段就給我們介紹了一個正確的修行方法。有沒有

發現：好幾輪哪！好幾輪！你剛把一個放好了，一個又來了；這個放好了，又來了！它是接連不斷地出現。還好有善知識這樣提前在經典裡告訴我們：「這些東西要出現了，所以你要注意了！」就像一個走過這條路慈悲的老師，他在前面都經歷過了，所以他會告訴你在這條路上先出現一個什麼，要拿什麼去防；這個防完了之後，覺得你得到一個安全的地方，你坐著，不行！還有一個東西又來了，然後你再要怎麼防；接著又誰來、又怎麼防。所以他把這條路上我們碰到的這些問題全部告訴我們，以及怎麼對治。要打起精神來，不能待在那個所謂的剛修行出來的安樂窩裡邊，不能蹲在那裡，一定還要再起來戰鬥，因為我們還沒有到達安全之地。13'06"

會不會覺得這樣的教授很美！有了這樣清晰的教授，我們在上座修的時候就有法可依了，就不會自己盲修瞎練，會節約太多的時間了！所以要不要隨喜我們能一起學習《廣論》的〈奢摩他〉？大家要好好地努力！13'26"

今天就上到這裡，謝謝大家！13'29"

廣論止觀初探

離沉掉時應如何修

講次0093
離沉掉時勤奮是過失

　　大家好！很高興又到了我們一起學習《廣論》的時間了。這一週你們過得還好吧？今天我們要繼續學，要學習「離沈掉時應如何修」——注意這個「離」，「離」是離開，離開沉掉時應如何修。說：沉掉這麼辛苦地對治，還有離開它的一天嗎？對！我們已經學到這裡了，「離沈掉時應如何修」。00'50"

　　那麼《廣論》中是在 373 頁第 1 行，校訂本是在 85 頁倒數第 3 行。有沒有看到？請大家跟我一起看原文：01'09"

｜ 第二、離沈掉時應如何修：如前所說，修習斷除微

《廣論》段落
奢摩他校訂本：P85-L8 ～ P86-L6 第二、離沈掉時……應知放捨。
福智第三版：P373-L1 ～ P373-L6 第二離沈掉時……須知放緩，

細沈沒、掉舉，則無或沈或掉令不平等，心能平等運轉之時，若功用行是修定過，於此對治應修等捨。 01'38"

我們已經到了第二科，第二科遠離沉掉的時候應當如何修呢？就像前面我們講過的，經過了連微細的沉沒和掉舉都要截斷這樣的一段修持，已經不再會有沉沒或掉舉的這個不平等，達到了什麼？達到了內心平等運轉。已經達到了這樣的境界時，如果還想拚命地用功，也應該拚命地用功嗎？如果還有作行或勤奮的話，注意！就是等持的過失，所以應當修持對治法的等捨。02'28"

我們再來理解一下這段話。對於初學者來說，上座的時候要不斷地提醒自己「我有沒有安住在善所緣上啊？」這個是非常重要的！訓練正知的敏銳度、速度是非常重要的！剛開始修定的時候，修行者會察覺到自己不像以前那樣會產生粗分的沉掉，到後來連細分的沉掉也不像先前那麼頻繁、猛烈地出現了。03'09"

　　接著當能夠完全地消除沉掉，注意！完全地消除沉掉，這時候自己知不知道？自己覺察心中完全沒有生起沉掉的時候——有把握！這個時候就不用一再、一再地提醒自己，注視自己：「我有沒有在安住在善所緣呢？有沒有沉掉產生呢？」不用這樣子了。那不用這樣子應該做什麼呢？這個時候應該修等捨。03'51"

　　大家都知道在修三摩地的時候，縱使只有細微的沉沒和掉舉，也是怎麼樣？也是必須要斷除的。而當沉掉消失，心已經不再被沉掉強烈地影響，甚至微弱地影響都沒有了；因為以前就一直在觀察，這個時候如果還用很大力地、刻意地去觀察「欸，有沒有生起生起沉掉啊？」這個時候，注意！這就是過失了，做過頭了！就像蜜蜂去採花，用力飛、用力飛，結果整個蜂群「唰！」就從那個花田上飛過，飛到樹林裡去了——太過了，反而沒有採到花蜜。所以這個時候就會成為另外一種過失叫作行。那為了不要生出這種過失，修行人應該怎麼辦呢？必須修學不作行的捨，不作行的捨來對治。04'57"

那不作行的捨要怎麼辦？我們就接著往下看。接著往下看：05'06"

如是亦如《修次中篇》云：「若時見心俱無沈掉，於所緣境心正直住，爾時應當放緩功用，修習等捨，是時欲坐幾時，即安坐之。」05'27"

這個在《修次中篇》中有提到，說：「什麼時候見到不再有沉沒與掉舉，內心平穩地安住在所緣上的時候，應該怎麼做呢？不要那麼用力了！這個時候應該放緩功用」，那個繩子不要拉那麼緊，欸！鬆一點，甚至就是放著，不用提。這裡邊的「功用」就是勤奮的意思，「放緩勤奮而修習等捨」。然後會達到什麼境界呢？「這個時候想安住多久就可以安住多久。」心已經非常聽話了，你要打坐，說入定多長時間就多長時間，隨心所欲。06'22"

接下來會有一個問題出現，我們往下看：06'27"

若爾，何為作行或有功用而致過失之理？06'35"

那麼，作行或者勤奮會成為過失的道理或者方式究竟是怎麼樣的呢？為什麼成為這樣子了呢？前面在講修定的時候，記不記得大師反覆地強調一定要用什麼？正知察覺沉掉，而且要怎麼樣？即時察覺沉掉。察覺之後，能不能放著呢？不行！一定要即時對治，絕對不可以放著不管！那時候大家都非常努力用功、用功，為什麼到了這個階段，作行或者勤奮——再去努力地看看這些問題——反而就變成了修三摩地的過失了呢？大家都有這個問題吧？有這個疑問。那麼我們看看大師會不會回答我們呢？看原文：07'43"

此由於心掉則攝錄、沈則策舉而作修習，於一合適座中，自有成算沈掉不起之時，若仍如初勵防沈掉而修。如是行者，則如《修次》後二篇云：「心平等轉，若仍功用，爾時其心便當散動。」反成散亂，故於爾時應知放捨。08'26"

大師回答我們了！說：首先，這裡的作行或者勤奮是什麼呢？指內心掉舉就向內收攝，如果沉沒就振奮修持，

因此每次在適中的這個一座的長度之內，都具有不會產生沉掉的這個把握。這個修行人已經到了這個階段，他在這一座中不管幾小時——三小時、六小時、八小時、十二小時，他如果想坐著都非常有把握，不會產生沉掉了。這個時候，仍然如同最初剛上座修行一樣嚴加防範沉沒，還要嚴加防範什麼？掉舉，這樣非常、非常地用力，這樣努力地修行。09'22"

這裡的作行或者勤奮不是指前面的階段，什麼階段呢？就是沉掉生起的時候嚴加防範沉掉修行，不是那個時候。而是指已經有把握不會生起沉掉的時候，還繼續嚴加防範沉掉而修行。這樣做為什麼會成為過失呢？就到了這個階段這麼用功、這麼用力，那正知還是睜大眼睛看著，攝像頭再來回轉。為什麼不能再這樣了呢？為什麼它就是一種過失了呢？因為如果這麼做，反而會形成散逸，形成了下一波的過失了。10'23"

舉經論來說，就像《修次》的後二篇中所說：「當內心平等安住的狀態下」，注意！「當內心平等安住的狀態

下，如果仍然勤奮，那個時候內心將會形成散亂。」你再去攪動它、再去攪動它，就把這個非常、非常寧靜、一絲波紋都沒有的這樣一個禪定的湖水攪起來了！ 10'52"

所以這個時候怎麼辦呢？那我們應該怎麼辦呢？正知一直看著看習慣了，突然不讓看著，正知沒事做了！是不是不需要正知了呢？所以這個時候必須懂得兩個字——放緩、放緩。記不記得一開始的時候我們覺得太放緩是不可以的，這個時候要放緩。有沒有清楚？ 11'25"

那我問大家：為何當沉掉消失之後，再次觀察沉掉是否生起，這麼做會成為過失呢？修定的時候，如果發現內心已經掉舉，應該讓心馬上向內收攝；如果察覺心已經沉沒，要設法讓心提起來、提起心力，讓心志高昂。然後怎麼樣？就這樣讓它收攝、要讓它高昂，反覆反覆地練習、反覆反覆地練習。練習了之後，這個修行者，或者說你我的未來，能在某個階段確定心中不會產生沉掉了，已經非常有功夫了這個人；這個時候如果還像之前那樣，一直提著精神防治著這個沉掉，一刻都不敢放鬆，而且還要去對

治的話，反而讓原本已經平靜的心再次開始散亂了。應該說我們把事情搞砸了！已經很好的就不要再去攪動，這個時候應該把心放緩、放緩，安住現狀。12'51"

要懂得欣賞這個時刻，這個時候就是非常美的時刻，不要再去往下尋求。這個時候要放緩、放緩、放緩，放緩就對了！這時候有沒有用力呢？你有沒有用功呢？有！你用功的方式是什麼？就是讓你的心放緩，讓你的正知力放緩。13'16"

放緩什麼？正知觀察沉掉的力量，對不對？那麼我們的心執持對境的力量還在否？我們最關心這件事情，對不對？好像正知不看著，它就在對境的力量上放緩了。不會！它已經非常安穩地安住在善所緣上，沒有沉沒，也沒有掉舉，恰好此時、最好就是此時！這個時候用放緩的方式，我們就可以修對了。13'53"

有沒有聽清楚？很重要吧！今天就講到這兒。14'00"

謝謝大家！14'02"

講次0094
修持令心放緩的等捨

大家好！很高興又到了我們一起學習《廣論》的時間了。今天我們要繼續學習「離沈掉時應如何修」，你們準備好了嗎？請大家翻開《廣論》373 頁第 6 行，在《廣論》的校訂本是 86 頁第 6 行，我們一起來看原文好吧？00'40"

> **此復是為放緩功用，非捨執取相力。故修等捨，非是一切無沈掉時，乃是摧伏沈掉力時；若未摧伏沈掉勢力，無等捨故。** 01'04"

說當修定這個行者，達到了心中不再會生起沉掉的時候，就要知道、要懂得放緩。那麼這裡邊的「**放緩**」是

《廣論》段落
奢摩他校訂本：P86-L6 ～ P87-L6 此復是為……無沈掉時。」
福智第三版：P373-L6 ～ P373-LL2 此是放緩……心已解脫。」

指將勤奮放緩，並不是捨棄執取相的這個力量。因此這樣的修持等捨，並不是在所有不產生沉掉的時候都要進行，而是要在摧折沉掉的鋒頭之後；在還沒摧折沉掉的鋒頭的時候，不會有等捨。01'45"

那我們應該從什麼階段開始修習「捨」呢？注意！不是在一切沒有沉掉的階段都要修捨，而是在即便不刻意觀察、對治，也不會被沉掉干擾的情況下，這個時候要修捨。因為當我們還沒壓制沉掉之前，我們的心中是不會有等捨出現的，對不對？02'18"

那麼接下來再往下看，看文：02'22"

設念：其捨為何？答：捨總有三：¯`受捨，²`四無量之捨，³`行捨；此是行捨。 02'36"

我們心中就想：什麼是捨？大師就回答我們說：總體而言，捨有三種：受捨、四無量之一的捨，以及行捨；此處就是指行捨。接著再往下看：02'58"

> 此捨自性，如《聲聞地》云：「此中云何為捨？謂於止觀品所緣心無染污之心平等性、正直、自任運轉、適悅心、心堪能性，無隨功用行而捨。」應如是知。03'24"

　　既然此處的捨是指行捨，行捨的體性是什麼呢？就像《聲聞地》中所說的：「對此，什麼是捨？是指對於寂止方面與勝觀方面的所緣，內心已經不懷著染汙，由於遠離沉掉而內心平等，平穩貫注，自然而然地趣入」，自然而然地趣入是什麼狀態？就是「內心非常地舒適，以及內心堪能」──你讓它怎麼樣它就能怎麼樣──「不加勤奮而放緩」。這是一個很舒適的用功狀態。04'10"

　　語王尊者在《四家合註》裡邊解釋說：當我們的心安住在所緣上，停止以正知作新的觀察，以及新依止正念的精進──那個「新」是新舊的新──我們應該要如此了知。就是我們應該要這樣地去知道了。有清楚嗎？04'39"

　　那「捨」分幾種？捨分三種。04'43"

哪三種呢？受捨、無量捨和行捨。04'48"

這裡的等捨是屬於哪一部分呢？屬於行捨，就是它不需要刻意地去對治沉掉。當心中沒有生起沉掉的時候，再不斷地提醒自己「有沒有被沉掉所影響啊？有沒有發生什麼事啊？」就容易產生什麼？散亂。所以在這個階段，在這個時候不需要非常刻意地去做防範，這個時候做防範是多的、多餘的，完全不需要像以前一樣兢兢業業地、一點不放鬆地不斷觀察。這個時候應該讓心放緩，不用特別費力氣就可以達到一個狀態了。05'39"

那麼這裡所說的令心放緩，不是指你心對於善所緣境的執持力又放緩了、這個有力度放緩了，心還是要緊緊執持著善所緣。但是心緊緊執持善所緣，是我們用力達到的嗎？不是的，它是很舒適地就達到了，好像已經同等運行，非常舒服的一個狀態！06'08"

那我們再觀察一下，這個「受捨」其實就是捨受，也就是非苦、非樂的感受；「無量捨」，就是慈、悲、喜、

捨四無量心中的捨無量；「行捨」，就是這裡邊的捨，對吧？捨的體性，在《聲聞地》中說：「不論修止或者觀，心在面對所緣境的時候，完全不被沉掉干擾」，然後呈現了什麼？「平等、安住、任運、隨心所欲。」這裡邊最吸引大家的是哪個？隨心所欲，對吧？安住也可以、任運，都一樣。06'50"

所以當心達到了讓我們覺得很高級的狀態的時候，獲得了這種捨心之後，應該在沉掉還沒有生起的時候，就讓心安住在這上面，不要再刻意地觀察、對治。前面是你覺得沉掉還沒有生起，實際上是有細沉掉，但此時是真的都對治了，所以這個時候就要安住在上面，不要再刻意地觀察和對治了。要是說：「哎呀！我之前拉緊了繩子的手已經習慣了，要突然讓我放鬆很不習慣，好像手僵掉了一樣。」這個時候就要練習放緩、放緩、放緩。07'39"

那麼接下來會發生什麼呢？我們接下來再往下看：07'45"

獲得此捨之時，修三摩地不起沈掉之際，令捨現前，安住不發太過功用。此所緣相，如前論云：「云何捨相？謂由所緣令心上捨，及於所緣不發所有太過精進。」修捨之時，亦如彼云：「云何捨時？謂心於止觀品無沈掉時。」08'25"

解釋一下這一段：一旦獲得這樣的等捨，你達到這種狀態了，什麼狀態？當修定達到了不會產生沉掉的時候，就要現行這種等捨——接著該修等捨了——安住而不過度勤奮。就是：你別太勤快啦！你的正知力不要太勤快了，請你休息一下。08'59"

語王大師在《四家合註》裡邊有解釋說：這個時候只是放緩勤奮——注意！放緩勤奮，放緩就是：欸！就這樣用力的時候，把它輕輕地放緩——這個並不是捨棄了執取相的力量。他的心有沒有在善所緣上？還是在的。那麼此處的所緣相狀是什麼呢？就如前論，前論是指哪部論？就是《聲聞地》中所說：「等捨的相狀是什麼呢？就是指透過所緣使內心等捨，以及對於這個所緣不發起太過猛烈的

精進。」09'49"

特別用功有問題嗎？看是怎麼用功，有的時候放緩就是用功。修持等捨的時機是什麼？什麼時候該修持等捨呢？這是最關鍵的問題！也就如同《聲聞地》說：「等捨的時機到底是什麼？就是指對於寂止與勝觀這兩方面內心不再有沉沒與掉舉的時候。」當心緣著止或觀的所緣沒有沉掉的時候，就是修等捨的時候了。10'38"

以前講到前一段的時候，我們大家都說：哇！一會兒沉、一會兒掉，一會兒沉、一會兒掉，粗的完了又細的，兩個來回折騰，什麼時候是個盡頭呀？好像永遠都按下這個、起來那個，我們就沒有休息的時候，非常勤苦的感覺。看看！到了現在這個階段，此處所講的——你不用那樣子了，就是要修等捨的時候到了！這個時候你的身心會特別地愉悅、特別地安適，你的心非常地調柔，讓它做什麼它就做什麼，應該過好日子了吧！座上修的好日子！挺美的，對不對？很值得期待。11'29"

謝謝！今天就講到這裡，謝謝！ 11'32"

講次0095
「正斷」與「神足」的意涵

　　大家好！很高興又到了我們一起學習《廣論》的時間了，請大家具足大乘的發心，在聽聞的時候要專注。我們是學到《廣論》373頁倒數第2行，在《廣論》校訂本的第87頁倒數第4行。請大家和我一起看原文：00'47"

> 如是引發無過三摩地法，此等是依慈尊所說《辨中邊論》，如云：「依住堪能性，能成一切義，由滅五過失，勤修八斷行。01'05"

　　前面所講的，引發沒有過失的這個等持的方法，這些都是依據《辨中邊論》中至尊慈氏所宣說的內容來闡述的。巴梭尊者在《四家合註》裡邊也有解釋《辨中邊論》

《廣論》段落
奢摩他校訂本：P87-L7 ～ P87-L8 如是引發……修八斷行。
福智第三版：P373-LL2 ～ P373-LL1 如是引發……修八斷行。

中的偈頌。《辨中邊論》中說：「**依住堪能性，能成一切義**」，「**依住**」就是指安住於發起正斷的精進之中；正斷的精進，是三十七菩提分法其中的一組。01'47"

那麼什麼是「正斷」呢？對於對治與所斷的取捨踴躍歡喜的精進，依這一分所安立的智，就是正斷。這裡邊的「智」，不是我們一般所說的方便與智慧的那個智，這裡邊的智是「道」的意思，比如說：聲聞道、獨覺道、大乘道的「道」，在沒有入道以前，是沒有正斷的，入道以後，才能夠生起正斷。那麼正斷是以什麼為主的呢？正斷是以精進為主的。02'32"

那正斷分為幾種呢？四種。哪四種？02'37"

「不善已生者令斷」，就是斷除已經生起的不善；02'44"

「不善未生者令不生」，就是不要讓還沒生起的不善法生起；02'51"

「善法已生者增長」，讓已經生起的善能夠增長廣大；02'57"

「善法未生者令生」，還沒生起的善要生起。這四種。03'07"

提個問題：為什麼叫「正斷」？這裡的「斷」，它不是脫落、不是自己斷掉的意思，而是一定有一個能斷它的、有一個被斷的。這裡的「正斷」，是一定有一個能對治的，還有一個被斷除的；舉例來說，譬如空正見是能斷，那什麼是空正見的所斷或者被斷呢？就是自性執的無明。由於所斷已生者令斷、未生者令不生，所以稱為正斷。03'48"

那是不是還有一個問題，為什麼在「斷」的前面要加上了一個「正」字呢？《俱舍論》中說：「**何故說勤名為正斷？於正修習斷修位中，此勤力能斷懈怠故。或名正勝，於正持策身語意中此最勝故。**」為什麼稱精進是正斷呢？因為在正修習斷修的這個階段中，精進的力量

能斷除什麼呢？精進的力量能斷除懈怠，所以稱為「正斷」。那懈怠，好像我們大家都知道懈怠是一種什麼狀態，懈怠，請問是貪、瞋、癡的哪一種煩惱所攝？懈怠是被癡煩惱所攝，由於貪著睡眠、倚臥的快樂而產生，就是倚著、靠著、貪睡。那麼懈怠的作用是什麼呢？就是它的破壞作用是什麼？沒有好作用！懈怠的破壞作用就是障礙我們修方便善品。所以正斷也可以稱為「正勝」或「正住」，因為在正持策身語意當中精進是最為超勝的，所以稱為「正勝」或「正住」。05'23"

那麼「**堪能性**」呢？堪能性就是指進一步生起內心堪能止觀雙運等持的這個神足。這裡的「堪能」就是指能夠做事情，就是有能力、能夠做。那這裡的「神足」呢？不是指神足通，是指一種定，它不是指神足通的那個神足。05'50"

生起神足這樣的定之後，能有什麼樣的作用呢？「**能成一切義**」，這裡邊的「**義**」，巴梭尊者在《四家合註》中解釋為眼及神通等等的功德。由於獲得了止觀雙

運等持的這個神足，就能圓滿五眼、六神通等等的功德。那麼神足——不是神足通——那是什麼呢？它是三十七菩提分法中其中的一組，神足有四種，四種合成一組。06'31"

在《瑜伽師地論》中有解釋「神足」。那我們看看《瑜伽師地論》中的原文是怎麼說的？06'41"

《瑜伽師地論》說：「**問：何因緣故說名神足。答：如有足者能往能還，騰躍勇健，能得能證世間所有殊勝之法。世殊勝法，說名為神。彼能到此，故名神足。如是若有如是諸法，有三摩地圓滿成辦。彼心如是清淨鮮白無諸瑕穢，離隨煩惱，安住正直，有所堪能，獲得不動，能往能還，騰躍勇健，能得能證出世間法。由出世法最勝自在，是最勝神，彼能證此，故名神足。**」07'40"

一大段，我們稍稍解釋一下。這裡邊神足的「神」就是指殊勝的法，「足」就是指一個基礎，比喻我們好像擁

有雙足就能證得世間殊勝的法；透過三摩地，能夠證得出世間的法，所以稱三摩地為「神足」。08'04"

接下來說這裡邊的「隨煩惱」。煩惱分為根本煩惱及隨煩惱，那為什麼叫隨煩惱呢？《俱舍論》中有解釋。我們看一下《俱舍論》中說：「**復有此餘異諸煩惱，染污心所行蘊所攝，隨煩惱起故亦名隨煩惱，不名煩惱非根本故。**」說這個隨煩惱它是與根本煩惱不同，它是隨著根本煩惱而生起來的，是染汙的心所，在五蘊中是被行蘊所攝的，所以稱之為「隨煩惱」。像一個根本煩惱的隨從一樣，隨著生起來。那麼唯識宗與自續派認為，種姓決定的菩薩成佛的時候才能斷除根本煩惱與隨煩惱；小乘的阿羅漢也可以斷除。注意！這是唯識宗與自續派的認識。對於根本煩惱、隨煩惱什麼時候能斷除，應成派的看法是：種姓決定的菩薩，八地的時候就能夠斷除根本煩惱與隨煩惱；小乘的阿羅漢也是可以斷除。09'24"

接下來，為什麼稱定為「神足」呢？為什麼給定起了一個叫神足這樣的名字呢？《俱舍論》中也有解釋。看

《俱舍論》裡說什麼呢？《俱舍論》中說：「**何緣於定立神足名？諸靈妙德所依止故。**」說神足是以等持為主，就是以定為主的。這裡邊的「神」是指圓滿，「足」就是所依，就像一個人依靠著雙足而得以行走、得以奔跑；由於這樣的定是圓滿功德的所依，能圓滿一切功德，所以稱為「神足」。10'12"

今天解釋了很多概念，在一開始聽的時候可能覺得有點多。但是了解一下慢慢就熟了，大家不要因為生疏就放棄；因為生疏，要慢慢把它學得熟悉了，然後變得親切了，最後就是：啊！非常非常地熟悉，就像你自己擁有的家裡邊的東西是一樣的、手邊的東西是一樣，我們對法要越來越親切、越來越熟悉。10'42"

今天就講到這裡，謝謝大家！ 10'46"

講次0096
五眼與六神通的意涵

　　大家好！很開心又到了我們一起學習《廣論》的時間了，這一週你們還過得好嗎？現在要開始學習囉！請大家專注。00'30"

　　上一次我們學到《辨中邊論》中說，透過神足能夠成辦什麼？五眼與六神通。那麼五眼與六神通，大家知道吧？五眼是哪五眼呢？肉眼、天眼、慧眼、法眼、佛眼。六神通是：神足通、天耳通、他心通、宿命通、天眼通、漏盡通。00'58"

　　在《大智度論》中也有解釋五眼的內涵，我們可以一起來看一下。《大智度論》中的卷 33：「**何等五？肉**

眼、天眼、慧眼、法眼、佛眼。」這一開始介紹五眼，接著要講「肉眼」——「**肉眼，見近不見遠，見前不見後，見外不見內，見晝不見夜，見上不見下**」。這個肉眼能見的和不能見的列舉了一下，比如說能看見白天，不能看見黑夜；能看到近的，看不到遠的；能看到前面的，看不到後面的；能看到外面的，不能看到裡邊的等等。接著，「**以此礙故，求天眼**」，因為這些障礙，所以要往上求，求天眼。02'04"

「**以此礙故，求天眼。得是天眼，遠近皆見，前後、內外，晝夜、上下，悉皆無礙。**」有沒有發現得了天眼之後，肉眼的那些障礙就不存在了？遠的、近的都可以見，前、後，內、外，白天、晚上都沒有障礙。但是注意——「**是天眼見和合因緣生假名之物，不見實相，所謂空、無相、無作、無生、無滅，如前，中、後亦爾**」，這個天眼已經非常厲害了，但是天眼卻看不到空性，所以「**為實相故，求慧眼**」，為了空性故，要求慧眼。03'02"

　　接著，「**得慧眼，不見眾生，盡滅一異相，捨離諸著，不受一切法，智慧自內滅，是名慧眼。但慧眼不能度眾生！所以者何？無所分別故，以是故求法眼。**」為什麼從慧眼轉到法眼了呢？發現慧眼不能度眾生。大家覺得很奇怪：欸！慧眼，有了智慧才可以度眾生，為什麼慧眼不能度眾生呢？一會兒到後面再解釋。所以就要求法眼，「**以是故求法眼**」。「**法眼令是人行是法，得是道，知一切眾生各各方便門，令得道證。**」03'49"

　　接著，「**法眼不能遍知度眾生方便道，以是故求佛眼。佛眼無事不知，覆障雖密，無不見知；於餘人極遠，於佛至近；於餘幽闇，於佛顯明；於餘為疑，於佛決定；於餘微細，於佛為麁；於餘甚深，於佛甚淺。是佛眼，無事不聞，無事不見，無事不知，無事為難，無所思惟；一切法中，佛眼常照。**」後面這一大段在說佛眼的功德，這個到後面再解釋。這裡邊會發現：它在一切法中，沒有事情是不能聽、沒有事情是不能見、沒有事情是不知道的、沒有事情是能夠難倒的。04'55"

　　這是一種什麼樣的狀態呢？《大智度論》這段文是略解釋一下：肉眼有沒有很多局限啊？有的。因為肉眼有很多局限、有很多障礙，所以要尋求天眼。那獲得了天眼之後，能看見很多肉眼看不見的事物，但是這個非常厲害的天眼，它卻看不到諸法的實相，就是無法看見空性，所以還是不能滿足啊！因為看不到空性，所以要尋求慧眼。05'31"

　　那獲得了慧眼之後就能現證空性了，這下子應該可以了吧？我們覺得大事已辦了吧？但是在現證空性的根本定中，捨離了執著，不會看見一切眾生、一異等種種世俗的法，甚至連智慧本身都不會顯現，只會現見空性。大家想這是什麼狀態？以後學經典我們討論多了就知道了，這是進入空性的根本定的一種狀態。所以只有慧眼的話是無法度眾生的，還要再向上希求法眼。06'09"

　　那麼獲得了法眼之後，法眼的功德是什麼呢？能了知度眾生的種種方便，但是無法了知度眾生的一切方便，所以又不夠了，又要向上尋求佛眼。那麼獲得了佛眼之後，

就能現證一切法──沒有不了知的、沒有看不見的、沒有能難住的，所以是徹底究竟最圓滿的。06'41"

在妙音笑大師所寫的《現觀辨析》中也有說過，大家可以先聽一下，以後在學習《現觀》的時候再詳細地學。說：屬於修持六度與大乘神足的這個異熟，是看見大小色法的殊勝眼根，以這樣的眼根為增上緣，而看見一百由旬等的這些粗細色法的眼，就是「肉眼」。依靠自己的增上緣──殊勝的天眼根，進而現證三界有情的死生的這個眼，就是「天眼」。依靠自己的增上緣──止觀雙運三摩地，進而能夠現證無我的眼，就是「慧眼」。依靠自己的增上緣──止觀雙運三摩地，進而現證凡夫、聖者根性次第的眼，什麼眼？就是「法眼」。那同時無餘現證如所有性與盡所有性的究竟之眼，就是「佛眼」了！07'51"

六神通的內涵是什麼呢？07'57"

在妙音笑大師所寫的《現觀辨析》中有說：依靠自己的心所依──靜慮等至，進而就能夠進行各種各樣的變

化，這樣的止觀雙運或者定慧雙運的心識，就是「神足通」。這裡邊的「等至」包含了近分定與根本定。那接下來，依靠自己的心所依——靜慮等至，等引地所攝的有色澄淨的耳根作為增上緣，現證自己所對境的一切粗細的聲音，這樣的止觀雙運的心識，就是「天耳通」。08'42"

接下來，什麼是「他心通」呢？依靠自己的心所依——靜慮等至，進而現證自己所對境有情的心，這樣的止觀雙運的心識，就是他心通。接著該到「宿命通」：依靠自己的心所依——靜慮等至，回憶自己的對境自他的宿命，這樣的心識，就是「宿命通」。依靠自己的心所依——靜慮等至，以及增上緣修成的天眼根，進而現見自己的對境十方隔不隔絕的色法，這樣的止觀雙運的心識就是「天眼通」。依靠自己的心所依——靜慮等至，現證自相續中的煩惱盡除，這樣的止觀雙運的心識，就是「漏盡通」。09'46"

在六種神通當中，「神足通」能令其他人生信；「天耳通」能證得聲音所詮的內涵，令自他奉行善法；「他心

通」能證得他人的心，令他人能夠行善，由此迅速地圓滿福德資糧；「宿命通」與「天眼通」是為了獲得「漏盡通」，以斷除邊執的中觀道，迅速圓滿智慧資糧。10'23"

按照戒、定、慧三學的次第來說，修定是為了進一步生起慧學，那麼為什麼要生起慧學呢？是為了斷除生死──我們要趣向於大乘，不能只解決自己的生死問題，是要為了自他一切有情究竟地離苦得樂，所以才修學奢摩他的。所以《辨中邊論》這裡邊「**能成一切義**」的「義」不只是神通而已，後面還有等等，而是在修定之後，我們要令自他解脫生死，乃至究竟成佛，這才是最重要的目的。所以我們在修定之後，就不能只希求於神通，結果忘記了修行的最主要的目的。11'12"

那麼菩薩之所以要引發神通，是為了什麼？他不是為了自利、為了很酷，不是為了這樣，是為了利樂有情，迅速地累積成佛的資糧。所以菩薩是為了利益有情而發通的，此處的這個「義」所解的，應該是能夠令自他了脫生死，進而成佛，所以它的意義是盡未來際都非常地深遠，

它的功德也會不可窮盡。 11'50"

聽了這個五眼、六通,會不會很生歡喜心啊?我們是用《現觀辨析》中《現觀》的解釋,來給大家解釋這一段的,也是希望給大家種下以後能夠一起學習《現觀莊嚴論》這樣的一個歡喜因吧! 12'10"

今天就講到這裡,謝謝大家! 12'12"

講次0097
五過失與八斷行（一）

　　大家好！又到了一起學習《廣論》的時間了，大家開心嗎？前面我們學到了《辨中邊論》中「**依住堪能性，能成一切義**」的這個內涵，今天我們繼續往下學。請大家翻開《廣論》373頁最後一行，在《廣論》的校訂本是第87頁倒數第3行。我們一起來看原文：00'52"

> 由滅五過失，勤修八斷行。懈怠忘聖言，及沈沒掉舉，不作行作行，是為五過失。即所依能依，及所因能果。不忘其所緣，覺了沈與掉，起作行斷彼，滅時正直轉。」01'17"

　　上一講我們講到神足能成辦那麼多的功德，那這麼神

《廣論》段落
奢摩他校訂本：P87-L8 ～ P88-L3 由滅五過失……滿一切義利。
福智第三版：P373-LL1 ～ P374-L4 由滅五過失……能成一切義。」

奇的、不可思議的神足是透過什麼方法生起來的呢？
「**由滅五過失，勤修八斷行**」，是透過斷除五種過失、
依止八種斷行，從這樣的因生起來的。01'45"

那就要問：五種過失是哪五種呢？「**懈怠忘聖言，
及沈沒掉舉，不作行作行，是為五過失。**」大家有沒有
發現第一種過失是什麼？懈怠。關於懈怠的內涵，《大乘
阿毗達磨集論》中有解釋，我們看一看怎麼解釋。《大乘
阿毗達磨集論》中說：「**何等懈怠？謂愚癡分，依著睡
眠倚臥為樂、心不策勵為體，障修方便善品為業。**」
02'31"

問大家：懈怠是貪、瞋、癡煩惱的哪一個煩惱所攝
的？02'38"

你答對了嗎？是癡分所攝的。02'41"

這個癡分所攝的，注意喔！這裡邊是有樂受的。什麼
樂受呢？比如說他貪著睡眠，啊！睡得很香、很深、很

長；還有倚著或者躺著──倚臥的這個快樂而產生的。注意！它是癡分所攝，就是愚癡的。那麼這個懈怠的體性到底是什麼狀態呢？就是內心不策勵，也可以理解為不是精進的一種狀態。懈怠的作用是什麼？很顯然它是壞習慣，是有破壞作用的。那破壞了什麼呢？破壞了我們修方便善品，所以它是一種障礙，它是障礙我們修方便善品的。這是第幾種過失？第一種過失：懈怠。03'37"

第二種過失是遺忘教授的內涵；第三種過失是沉沒與掉舉──沉沒和掉舉合併計算為一種，如果把沉沒、掉舉分開的話，就可以算成是有六種過失了。第四種過失是不作行，第五種過失是作行。這五種過失，接下來大師還要為我們詳細地解釋，所以在這裡就不做更詳細的解釋了。04'12"

五種過失的對治是什麼呢？八斷行。八斷行，哪八個呢？「**即所依能依，及所因能果。**」「所依」就是指欲求，「能依」就是指精進，「所因」是指信心，「能果」是指什麼呢？輕安，它的果就是輕安。那麼這四個是對治

什麼的？是對治懈怠的。有沒有發現一個懈怠要四個來打擊它？四對一！ 05'03"

「不忘其所緣，覺了沈與掉，起作行斷彼，滅時正直轉。」這個「不忘所緣」就是指對治遺忘所緣。很顯然，遺忘了怎麼辦呢？就要不忘，不忘所緣。察覺沉掉的這個正知就對治沉掉。注意喔！注意！察覺沉掉的正知對治沉掉，這裡邊是個察覺。那生起沉掉的時候，作行斷除沉掉；當沉掉止息的時候正直轉，也就是平穩趣入的行捨對治作行。不忘所緣、正知、作行、等捨，再加上前面的欲求、精進、信心、輕安，幾個了？八個，就是「八斷行」。透過八斷行對治五過失，就能獲得奢摩他。有聽清楚吧！ 06'13"

接下來我們看宗大師對這一段《辨中邊論》的解釋： 06'19"

其依住者，謂為除障品發勤精進，依此而住，於此能生心堪能性勝三摩地。此能成辦勝神通等一切義

利，是神變之足或是所依，故能成滿一切義利。
06'52"

這裡邊的「**依住**」，就是「安住其中」的意思，是指為了去除不順品而安住於發起精進之中，也就是對此生起了心堪能性的等持。而這個就是能成就神通一切利益的神變之足或者說依處，所以它能圓滿一切利益。07'22"

所以我們看這一段，說「安住其中」的意思就是安住在精進中，安住在精進，這個精進是為了做什麼的呢？是為了去除不順品發起的這個精進。所以它是一切神變之足或者依處，這個精進對於修定是非常非常重要的一件事情，不能一會兒用功、一會兒不用功，它是發起歡喜心之後一個長足、很長久的心力。這個精進的修行是奢摩他的必要條件。07'59"

大家知道至尊慈氏所造的論典之中，最著名的就是慈氏五論，慈氏五論哪五論還記得嗎？《經莊嚴論》、《現觀莊嚴論》、《辨中邊論》，還有什麼？《辨法法性論》

及《寶性論》。當初無著菩薩為了親見彌勒菩薩,他就在山洞裡邊苦修啊!閉關苦修很多年,長達十二年,那個故事大家可以去看,有個非常詳盡版的。最後終於親見了彌勒菩薩,親見彌勒菩薩之後,彌勒菩薩就帶著他去了哪裡啊?兜率內院。去那兒做什麼呢?為他講經說法,為他宣說了慈氏五論。其中的《現觀莊嚴論》主要解釋什麼的,還記得吧?解釋《般若經》的,主要是解釋《般若經》中隱義現觀次第的內涵。09'08"

　　對於《辨中邊論》的這幾個偈頌,宗大師也為我們做了非常扼要的解釋。再總攝一下就是:為了去除三摩地的違緣,一定要精進地修定,修定最終就能夠自由地掌控自己的心,生起了這種能力。這種心堪能就是:你想做什麼,它就能做什麼的這種奢摩他。就好像一個很粗硬的鋼,最後把它煉、煉、煉,煉成繞指柔,做什麼都行。所以生起了心堪能性的奢摩他,接著更進一步就成辦神通、證空性等等非常非常多的、還有利益眾生的這些功德。所以奢摩他是神變,還有利生的很多功德的根基。10'07"

有沒有發現奢摩他非常地重要？是我們的修行進程中絕對不可或缺的一個進程。那是不是我們證得空性的一個進程呢？是的！不然就不會把它次第放在毗缽舍那之前，說學毗缽舍那之前要學一下奢摩他，要聽聞、要了解奢摩他修習的這個次第。10'39"

希望大家聽了祖師、佛菩薩這樣精美的善說能夠發起歡喜心，也對奢摩他的功德發起一個欲求心，就是你很想要獲得的這樣的心。我們發出這樣的心要做什麼？要成辦自己的增上生及決定勝，也用精進修行的這個心，來報答佛菩薩、來報答師父。11'11"

謝謝！今天就講到這裡。11'13"

講次0098
五過失與八斷行(二)

　　大家好！很高興又到了我們一起學習《廣論》的時間了。這一週你們過得還好嗎？記不記得我們學習的進度？我們學到宗大師說：前面講的發起無過失等持的方法，都是依照至尊彌勒所著的《辨中邊論》而闡述，是有依據的。大師也引用了《辨中邊論》的偈頌，並有解釋這本論的內涵。00'50"

　　上一次我們就學了大師對於「**依住堪能性，能成一切義**」這兩句的解釋，今天我們會繼續地往下學，請大家和我一起看原文。請翻開《廣論》374頁第5行，《廣論》校訂本是第88頁第3行。我們要一起看原文：01'20"

《廣論》段落
奢摩他校訂本：P88-L3 ～ P88-L9 云何能生……說為六過。
福智第三版：P374-L5 ～ P374-LL6 云何能生……是六過失。

云何能生此三摩地？謂為斷除五過失故，勤修八行，從此因生。五過失者，謂加行時，懈怠為過，於三摩地不加行故。勤修定時，忘失教授是其過失，若忘所緣，心於所緣不能定故。已等引時，沈掉為過，彼二令心無堪能故。沈掉生時，不作功用是其過失，以此不能滅二過故。離沈掉時，行思是過。沈掉二過合一為五，《修次》諸篇亦各分別說為六過。02'19"

　　那麼這段怎麼理解呢？說：怎麼樣做才能發起這樣的等持呢？要依止為了斷除五種過失而作行的八種斷行，透過這樣的因而生起等持。怎麼樣才能得到三摩地呢？看看我們趣向三摩地的路上有什麼障礙，我們要穿越這些障礙才能夠趣往三摩地。那麼這種攔在路上的障礙或者過失到底有幾種？是不是我們一定要了解的？一定要了解！了解了之後才能夠去斷除它。03'07"

　　大師說過失有五種，簡稱「**五過失**」。第一種過失，有在聽嗎？認真聽啊！第一種過失，是指在加行的時

候，「懈怠」是過失，因為會造成對於等持不作加行。我們在前面學過，還記不記得？懈怠是貪、瞋、癡什麼煩惱所攝的？是癡分所攝的。由於貪著睡眠、倚臥的快樂而產生。懈怠的體性是內心不策勵。那麼什麼是內心不策勵呢？此處是內心沒有處於精進修定的狀態。精進是什麼？勇於善，此處的善是指修奢摩他。所以大家要觀察自己處於懈怠狀態下，心的特性就是不策勵、不鞭策自己，沒有呈現出一種一直前行的這種狀態。如果沒有呈現出一直向前行的狀態，我們是沒有辦法擺脫原有的習慣，而建立一個修定的習慣。04'41"

大家都知道、也有經驗，改變一個舊習慣，建立一個新習慣，一定要花上一番努力、幾番辛苦，不努力怎麼可能！但有了懈怠在心上，假設懈怠充滿了我們的心，就像一個裝滿廢棄物的屋子，哪有空間去承載美妙、悅意的禪定之樂呢？所以懈怠是一定要清除掉的！ 05'08"

剛才我們探討了一下懈怠的體性是內心不策勵，那麼懈怠的作用是什麼？對！是問懈怠的作用。一定是破壞作

用，所以它是障礙我們修方便善品；由於懈怠，我們就喜歡閒著、躺著、靠著休息。注意喔！由於貪著睡眠、倚臥的快樂，這種懈怠是有樂受的，所以容不容易貪著呢？容易的，不經意就發生了。05'49"

那在我們的感覺上是很好的，但這種很好的、很舒適的感覺會障礙我們修定，它會障礙我們得到奢摩他的功德。這裡邊的功德有一種是禪悅，這種快樂——修成了奢摩他所得到的快樂，和貪著睡眠、倚臥的快樂相比，那真是沒辦法比的！為什麼？因為一種就是懈怠、是惡法，奢摩他是善法——修奢摩他，我們的動機是為了無上菩提、為了證空性；惡法會傷害我們，善法會成就我們。所以這個癡分所攝的「懈怠」，是得到奢摩他的第一種阻礙或者過失，是我們一定要斷除的！斷除什麼？斷除懈怠。06'45"

第二種過失，在勤修等持的時候，「**忘失教授**」是過失。為什麼忘失教授是過失呢？因為如果忘失了所緣，內心就無法等引於所緣，也就是說心無法定在這個所緣上。什麼叫心等引於所緣，或者說定在所緣上呢？就是內

心專注地、專注地安住在所緣上。那想一想，什麼東西障礙內心專注地安住在所緣上？居然是忘失教授。所以「忘失教授」是第二種過失。07'36"

我們看第三種過失，在等引的狀態下，「**沈掉**」是過失，這前面已經講了很多了。那為什麼沉掉是過失呢？因為沉掉這兩者會讓我們的內心沒有堪能。沒有堪能是什麼意思？就是完全沒有力量。那麼這個心為什麼發不出它的力量呢？就是被沉掉這兩者綁住，所以「沉掉」是第三種過失。08'10"

我們再看第四種過失，產生沉掉的時候，「不勤奮」是過失 —— 這裡的「**不作功用**」，就是不勤奮的意思。為什麼不勤奮是過失呢？因為不勤奮會導致不能止息沉掉。就是你不用功啊！你不用功、不努力的話，沉掉怎麼可能自行消失呢？所以「不勤奮」是第幾種過失啊？是第四種過失。08'44"

第五種過失，就是當遠離了沉掉的時候，「作行的

思」是過失。因為已經遠離沉掉了，這個時候應該要修什麼？修等捨。如果還作行的話，也就是還繼續有功用的話，反而會成為一種過失。所以「作行的思」是第五種過失。如果將沉掉兩者合為一項的話，就是五種過失；在《修次第論》諸篇中有提到，如果將沉掉分別列舉的話，就會成為了六種過失。09'26"

我們可以接著複習一下，注意喔！注意喔！我們開始複習一下了。請問如何生起三摩地呢？透過八斷行，斷除五過失。09'42"

五過失：09'43"

第一是什麼？「懈怠」，加行的時候懈怠。09'46"

第二是什麼？「忘失教授」，勤修等持的時候忘失所緣。我們要修道次第的話，比如說修無常，緣著無常的時候，結果你把無常的內涵給忘記了，就沒法修無常了。10'04"

第三、「沉掉」，對吧？在等引的狀態下，沉掉是過失。10'10"

第四、「不作行」，產生沉掉的時候不去對治，如果不去對治的話，沉掉自己是不會消失的。10'17"

第五是「作行」，沒有沉掉的時候還要刻意地去對治它。這個時候應該要修什麼？修等捨。如果將第三個過失「沉、掉」分開來，就有幾種啊？六種過失了。合併的話，就有五種，所以就是五過失。10'41"

那麼五過失分別用什麼來斷除呢？八斷行。這個八斷行什麼時候學呢？可能下節課學。這節課分別從我們修定的不同狀態，會遇到什麼樣的過失或者障礙，然後對治法下節課講。所以它是用一個正在進行時的狀態來幫我們詳盡地分析：在我們修禪定的時候會遇到一些什麼樣的麻煩，乃至為什麼有這樣的麻煩就修不成定了，所以這是一個詳細的用功手冊。學到了之後會不會很開心啊？那下節

課我們就再學八斷行，值不值得好好期待呢？ 11'21"

今天就講到這兒吧！謝謝！ 11'23"

講次0099
五過失與八斷行（三）

大家好！很高興又到了我們一起學習《廣論》的時間了。我們前面學到了修定的時候會遇到的五種過失，那麼五種過失是什麼？一起答：懈怠、忘失教授、沉掉、不作行，還有什麼？作行的思。這五種過失的對治法是什麼呢？我們今天就要學習這五種過失的對治法。00'45"

請大家翻開《廣論》374頁第8行，《廣論》的校訂本是88頁倒數第2行。請大家和我一起看原文：00'59"

> 此等對治為八斷行，其中對治懈怠有四，謂信、欲、勤、安。對治忘念、沈掉、不作行、作行，如其次第，謂念、覺了沈掉之正知、作行之思、正住

《廣論》段落
奢摩他校訂本：P88-L9 ～ P89-L5 此等對治⋯⋯故廣決擇。
福智第三版：P374-LL6 ～ P374-LL2 對治此等⋯⋯故廣決擇。

| 之捨，此等前已廣說。01'24"

　　這些過失的對治品是八種斷行，其中「**懈怠**」的對治就有四個：信心、欲求、勤奮和輕安。「**忘念**」的對治是正念；「**沈掉**」的對治是察覺沉掉的正知；「**不作行**」的對治是作行的思；「**作行**」的對治是正住的捨，也就是平穩安住的等捨，這些在前面都已經詳細闡述過了。02'03"

　　這裡邊對治懈怠會比較醒目一點，因為一個懈怠需要用四個對治法來對治，看起來它比較強大，那麼四個對治法收拾它是可以的了。大家可以考慮一下：這個懈怠需要用四個對治法的原因是什麼？ 02'32"

　　接下來我們討論一下「**正住之捨**」，這個正住之捨是對治什麼的？對治作行。有一位善知識講過，遠離沉掉的過失的時候，應該放緩正知的功用，修習行捨。許多先輩大德也說過必須放緩，這個必須放緩是指什麼呢？都是指在九住心中的第八住心之後，心已經不隨著沉掉而轉的

そ

那個時候，才放緩正知的功用，這個時候才能用這個。它並不是還沒達到這樣的階段以前，就可以放緩正知的功用；也不是應該放緩正念或所緣執取相的力量。03'31"

所以過去有一些人說：「善緩即是善修。」這是沒有認識到可以放緩的界限。請問剛才我講了界限，界限是什麼呢？你們有答對了嗎？那我再說一遍。界限就是九住心中的第八住心之後，第八住心生起了之後，心已經不隨著沉掉而轉的時候，這個時候才能放緩。如果心還隨著沉掉而轉的時候就放緩正念的話，這是錯誤的！為什麼？因為即使能迅速地獲得安住分，反而會成為細分的沉沒。有細分的沉沒卻放緩了正念，大家可以想一想會發生什麼？一定是離獲得寂止更加遙遠了。04'32"

前面講的五種過失必須透過八斷行來對治，我們再複習一下：對治懈怠，必須修學「信心、欲求、勤奮、輕安」；對治忘失教授，必須修學「正念」；對治沉掉，必須修學「正知」；對治不作行，必須要修學「作行的思」；對治作行，必須修學「正住的捨」。05'01"

　　我們現在再收攝一下：也有善知識說，如果把「以八斷行斷五過失」的內涵結合之前的「引生無過三摩地法」中的三個科判──哪三個科判？「心注所緣先如何修，注所緣時應如何修，注所緣後應如何修。」05'25"

　　那麼其中第一個科判：「心注所緣先如何修」，在心注於所緣之前，我們會遇到什麼障礙？那個很著名的五種過失中的第一種過失──懈怠！這種過失怎麼對治呢？大師講了幾種對治方法？對了！你們可能答對了，四個：是信心、欲求、勤奮、輕安。大師在《廣論》前面有說過，請大家翻開《廣論》349頁倒數第3行，《廣論》校訂本的是第39頁第6行，我們可以再看一遍──關於「懈怠」再看一遍。06'15"

　　故滅懈怠為初切要。若能獲得喜樂增廣身心輕安，晝夜行善能無疲厭，懈怠盡除。為生輕安，須於能生輕安之因妙三摩地，恆發精進。為生精進，須於正定具足恆常猛利希欲。欲樂之因，須由觀見正定功德引動心意堅固信心，故應先思正定功德，數修

信心。此等次第，修而觀之極顯決定，故應認為最勝宗要。06'59"

　　這一段就講了如何透過信心、欲求、勤奮、輕安來對治懈怠。首先遮止懈怠是相當地重要，對不對？如果獲得了喜樂充盈身心的輕安，那麼日夜行持善法都不會感到倦怠，所以能夠去除懈怠。而要發起輕安的話，必須對於等持能夠持續地策發精進，這是發起輕安的因。要發起精進，需要強烈地、持續地希求等持的欲求——就是你的嚮往、你的追求。它的因是需要見到等持的功德，引動心意的堅固信心，所以最初要反覆地修持思惟等持的功德的信心。這些的次第，如果你透過行持反覆地來觀察的話，就能夠極其清晰地定解，所以要認定為殊勝的宗要。08'14"

　　那麼接下來，「注所緣時應如何修」，就是當我們的心投注於所緣的時候，我們可能會遇到什麼麻煩呢？第二種過失，什麼？忘失教授。對治方法就是正念，透過正念對治忘念、忘失教授，正念是八斷行中第五個對治法。08'43"

接下來，「注所緣後應如何修」呢？當我們的心投注於所緣之後，會出現哪些過失呢？會出現三、四、五種過失，分別是沉掉、不作行、作行。那麼這三種過失的對治法就是：正知對治沉掉、作行之思對治不作行、不作行的捨對治作行。09'17"

我們接著再看下一段，看原文，有找到行吧！「此即修定第一教授」，有找到行吧！09'29"

> 此即修定第一教授，故蓮花戒大論師於三篇《修次》，及餘印度諸大智者，皆於修定眾多章中宣說，《道炬論釋》亦於修止章中宣說，故見道次先覺亦皆說其粗概。然見樂修定者，猶未了知應如何修，故廣決擇。10'04"

上述這些其實就是最殊勝的修定教授，因此蓮花戒大論師在《修次》的三篇當中，此外還有印度的諸大智者，都在眾多修定的章節中也宣說，還有《道炬論釋》也在修持寂止的章節中有宣說，所以見到道次第的先輩祖師也有

略微宣說這個概廓或者概貌。但是由於發現很多想要修持禪定的修行者並不知道要如何進行，所以大師詳加抉擇。10'56"

　　這是大師對我們這些後學者最深厚的恩德。所以能聽到這種詳盡的修定教授，都要感恩大師——因為發現樂於喜歡修定的人還是不知道應該如何修，所以廣泛地為我們抉擇。看到這句話會不會心裡暖暖的？覺得這是非常非常貼心的教導，我們一定要好好地依止這些教授，為了了脫生死、為了成就一切智智，好好地修習奢摩他。謝謝！11'37"

講次0100
修習四神足的方法（一）

　　大家好！很高興又到了我們一起學習《廣論》的時間了。請大家翻開《廣論》第 374 頁倒數第 2 行，《廣論》的校訂本是在第 89 頁第 5 行。有準備好了嗎？請大家和我一起看原文：00'40"

> 此乃一切以念、正知遠離沈掉，修三摩地心一境性教授所共，不應執此是相乘別法，非咒所須，以無上瑜伽續中亦說，是所共故。01'01"

　　由於這是以正念與正知遠離沉掉，而修習一心專注的等持的一切教授所共通的，所以不應該認為這只是顯乘專有的法要，不是密咒乘需要的，不能這麼認為。這裡邊的

《廣論》段落
奢摩他校訂本：P89-L5 ～ P89-L10 此乃一切……亦如是說。
福智第三版：P374-LL2 ～ P375-L2 此乃一切……亦如是說，

「**相乘**」就是指顯乘。因為這種修法在無上瑜伽的密續當中也是有宣說的，所以它是顯密共通的，無論是修學顯教還是修學密法，都必須要按照這樣的修定次第來修行。有清楚吧？那我們接著往下看，看原文。有找到行嗎？01'58"

> 亦如《吉祥三補止・初觀察第二品》云：「欲三摩地斷行成就神足，依離、依無染、依滅、正斷而轉，由彼欲故而正修習，非太退弱以及高舉。」於勤、觀、心三三摩地亦如是說。02'26"

在「《吉祥三補止・第一觀察第二品》」，「三補止」是梵文的音譯，意譯過來就是「遍結合」的意思。在《吉祥三補止・第一觀察第二品》中也有這樣說了，說什麼呢？說：「**欲三摩地斷行成就神足**」，就是具足斷行的欲求定神足，這裡的「成就」是什麼意思呢？就是具足的意思。那具足斷行的欲求定神足，就是指四神足當中的第一種──什麼神足？欲神足。03'06"

那四神足有哪四種？ 03'11"

第一、具足斷行的欲求定神足；03'15"

第二、具足斷行的精勤定神足；03'19"

第三、具足斷行的觀定神足；03'22"

第四、具足斷行的心定神足。03'26"

在修第一種欲求定神足的時候，要「**依離、依無染、依滅、正斷而轉**」，這裡的「依」，藏文直譯過來就是「安住」的意思。那麼「依離、依無染、依滅、正斷而轉」，就是安住於遠離、安住於遠離貪欲、安住於寂滅、透過正確的斷除而轉化。03'58"

「**由彼欲故而正修習，非太退弱以及高舉**」，不極度地退弱，也就是不要過度地鬆緩；也不要過度地高昂，也就是不要過度緊繃，要以欲求來修持。那麼對於精進、

觀擇、心三種三摩地也是這麼宣說的,所以修習四種神足的方法是一樣的。04'35"

關於「依離、依無染、依滅、正斷而轉」的內涵,祖師有很多不同的解釋。今天要不要我們一起學習一下?先知道一下有多少種,略略地講一下:04'50"

聖解脫軍所寫的《二萬頌光明論》中有解釋,這本論是結合《二萬頌》與《現觀莊嚴論》的第一部釋論。那《現觀莊嚴論》是解釋哪一部經典的?有答對了嗎?是解釋《般若經》的。在《二萬頌光明論》中,聖解脫軍有解釋:05'19"

「依離」,是指具足遠離貪欲的第一靜慮,也就是什麼?初禪;05'25"

「依無染」,就是指具足遠離貪染的第二靜慮,也就是二禪;05'32"

「依滅」，是指具足對於喜，注意！是指對於具足喜離欲的第三靜慮，也就是三禪；05'42"

「正斷而轉」，就是指具足第四靜慮的四禪與無色定。05'50"

《二萬頌光明論》又提到另外的一種解釋方式：正壞隨眠，注意！正壞隨眠是「離」；遠離現行是「無染」；正斷纏結是「滅」；遍捨一切取是「正斷」。其中遠離現行的「現行」，月格西解釋為煩惱——就是遠離現行的煩惱，遠離煩惱。06'21"

《二萬頌光明論》又提到對法論師的解釋方式：「離」是遠離界；「無染」是遠離煩惱的貪染；「滅」就是滅業；「斷」是捨物。06'40"

《二萬頌光明論》中又說：這四個可以結合「能取、所取四種分別」的對治：第一所取分別的對治，由於除了清淨品以外，斷除了染汙品，注意！除了清淨品以外，斷

除了染汙品,所以是「離」——斷除染汙品就都是清淨的了,對不對?那麼第二所取分別的對治,由於從希欲善法中離欲,所以它是「無染」;第一能取分別的對治,是由於無餘地滅除執取我有自主等,所以是「滅」;第二能取分別的對治,是由於如實地遍知蘊等施設為我的種種因相,所以是「正斷」。像這一段,以後學毗缽舍那,你們就知道施設、五蘊等等,這些就很清楚,不要急!先聽一聽。07'46"

還有一位慧吉祥論師,他所寫的《十萬頌廣釋》中提到:「依離」,就是勝解三摩地,能處於遠離內外憒鬧。這個「內外憒鬧」大家可以想一想,離開外面的憒鬧是到一個寂靜處就可以了,內部的憒鬧要怎麼離開呢?他是能處於遠離內外憒鬧,這是「依離」。那麼「依無染」,就是處於遠離三界諸惑。這個就更厲害了,對不對?那「依滅」,就是滅苦。我們這一生乃至生生世世的追求,就是希望能夠消滅痛苦,不僅僅是自己要消滅自己身心相續的痛苦,還要消滅一切如母有情身心相續的痛苦,所以這正是我們要達到的目標。那麼「正斷」,就是遍斷近取五

蘊。這個近取五蘊以後學毗缽舍那也會更加地清楚。
08'58"

接下來還有，相傳為智稱論師所寫的《十萬頌、二萬頌、一萬八千頌廣釋》中也有提到：「離」是遠離諸惑；「無染」是從三有離欲；「滅」是滅苦；「斷」是斷一切蘊。這本論中又提到了：知苦諦，所以「依離」；斷除集諦，所以「依無染」；現證滅諦，所以「依滅」；修持道諦，所以是什麼？「正斷而轉」。09'33"

然後這本論中還有提到：由於戒蘊故「依離」，提到戒；由於定蘊故「依無染」；由於慧蘊故「依滅」；由解脫蘊故「正斷而轉」。09'50"

大家有沒有想：哇！列舉了好幾位祖師的解釋了，那宗大師是如何解釋的呢？宗大師所寫的《金鬘論》中有提到，這四個的意思依次為──注意聽，注意聽！依次為：緣著苦諦而尋求、安住於遠離苦；緣著集諦而尋求、安住於遠離貪欲；緣著苦滅而尋求、安住於現證苦滅；緣著修

成趣向苦滅而斷苦，尋求修持。賈曹傑大師所寫的《心要莊嚴疏》與克主傑大師所寫的《難證光明疏》中，對於前三者的這個解釋跟《金鬘論》是一樣的，那麼關於「正斷而轉」，解釋為緣著道諦而尋求、安住於正斷煩惱。10'58"

我們可以看到，關於「依離、依無染、依滅、正斷而轉」的這個內涵，稍稍廣泛地聽聞一下，短短的四句話其中的內涵卻如此地深廣。11'14"

佛陀曾說：「無量法門誓願學！」希望我們能夠一起努力，深入經藏，智慧如海！ 11'24"

講次0101
修習四神足的方法（二）

　　大家好！很開心又到了我們一起學習《廣論》的時間了，這一週大家有精進地向內調伏，造很多善業嗎？如果那樣的話，就太隨喜了！今天我們繼續學習，翻開《廣論》第 375 頁第 2 行，在《廣論》的校訂本是 89 頁最後一行。我們一起來看原文，準備好了嗎？要開始囉！00'52"

　　前說正定妙堪能性，是神變等功德所依，猶如足故名為神足。成就此定略有四門，謂由猛利欲樂所得，及由恆常精進所得，觀擇所緣得三摩地，名欲三摩地、進三摩地、觀三摩地；若心宿有三摩地種，依彼而得心一境性，名心三摩地，此乃《辨中

《廣論》段落
奢摩他校訂本：P89-L10 ～ P90-L5 前說正定……彼二而修。
福智第三版：P375-L2 ～ P375-L6 前說正定……二邊而修。

| 邊論疏》等所說。01'36"

　　前面所講的堪能等持，就是具有堪能的定，「堪能」就是我們想行持什麼善法，就能隨心所欲地行持那個善法；具有這樣堪能性的等持，就是神變等功德的依處。獲得這樣的定之後，我們才能夠進一步修出什麼？神通、變化等等可思議的和不可思議的種種功德。有一個譬喻就是說像擁有雙足一樣，它能夠支撐我們的身體自由地行走、站立，或者做各種我們想要做的動作、去我們想去的地方，所以這樣的等持就「**猶如足故名為神足**」。02'25"

　　那麼要成就這樣的等持，有幾個方法呢？有幾個門徑？有四門：欲求三摩地、精進三摩地、觀擇三摩地，最後一個什麼？心三摩地。02'43"

　　那透過強猛地欲求而獲得、透過長久地精進而獲得，以及透過分辨所緣而獲得等持，這三個稱為欲求三摩地、精進三摩地與觀擇三摩地。02'57"

透過強猛的欲求而獲得等持，就稱為欲求三摩地；03'03"

透過長久的精進而獲得的等持，稱為精進三摩地；03'09"

透過分辨所緣而獲得等持，稱為觀擇三摩地；03'15"

依靠內心原有的等持的種子而獲得了一心專注，就稱之為心三摩地。03'25"

這是哪本論中所講的？ 03'27"

是《辨中邊論疏》等所宣說的。03'32"

所以欲求三摩地、精進三摩地、觀擇三摩地、心三摩地，四個各有不同的特色。03'39"

我們接著再往下看，請看原文。注意，注意看！找到

行了嗎？ 03'47"

> **太退弱者，謂太緩慢；結合為「太高舉」者，謂太策勵，義為須離彼二而修。** 04'01"

那麼極度地退弱，是指過度地什麼？鬆緩，太放鬆了、太放緩了！結合為「極度高昂」，就是他過度緊繃。意思是說修定的時候，應該遠離這兩種情況，不能太鬆，又不能太緊繃。這個度就是讓大家座上修的時候，要反覆地去實驗、去調到鬆緊適度的那個頻道。04'40"

語王大師在《四家合註》裡有解釋這四種神足的差別，說：「先前修持的階段的時候，在四種因當中，側重於以強猛的欲求而獲得，就稱為『欲求神足』。」那麼強猛的欲求是什麼？大家可以想一想。注意喔！他這是強猛的欲求，不是一般的，不是「很想」，是強猛的欲求！接著，「側重於長久的精進而獲得，就稱為『精進神足』。」觀察一下這個精進神足，大家可以去體會一下：艱苦卓絕地用功，在修定的時候具備修定的那些條件都得

要具足，然後定境不現前絕不罷休，晝夜努力、經年努力，最著名的就是夜不倒單了，對吧！就是不倒單。這裡的不倒單就是要一直對治沉掉，不是你坐著睡著，那個應該不對。所以這個「**由恆常精進所得**」的這一段，大有一種「不經一番寒徹骨，哪有梅花撲鼻香」的意味，尤其是「恆常精進」，非常地耀眼！06'05"

接著是「側重於分辨諸法的觀擇而獲得，就稱為『觀擇神足』。」「透過存在於心中前世串習的等持種子力量而獲得的，即使今生沒有進行修持的加行也能獲得，就稱為『心三摩地』。」這是什麼意思呢？就是會有人不費吹灰之力地就得定了，看起來好像沒有用功；別人翻山越嶺、九曲十八彎方能到達，而有人可能在原地轉了一個圈，甚至是眨眨眼睛就得定了。有這種事情嗎？真的是有的。那比一比的話，啊，真的是不能比呀！只有對於這種心——獲得三摩地的這種修行者，我們投去羨慕和崇拜的目光，為什麼？因為他前世修了呀！07'13"

有這樣的公案嗎？有的。最著名的公案就是善來阿羅

漢，他僅僅是用眼睛看，見到僧眾的行列裡邊發放的青蓮花，他就生起了遍處定。注意喔！他是看！看到了青蓮花，是供僧的，在僧眾的行列中供養的青蓮花，然後就一下得定了。他是眼睛一看就得定了，神奇吧！關於善來阿羅漢為什麼會生起遍處定這麼容易呢？其中有一個非常美妙動人的故事，你們會想聽一聽嗎？ 08'06"

其實那個故事對於我們現在有很多、很多的啟示，如果你們真的想聽的話，下節課我們就一起學習一下善來阿羅漢的故事。如果你們覺得都很熟悉了，想往下講的話，那我們就往下講。在首播的時候——對！就是此時——你們可以在留言那個地方告訴我。我估計你們會想聽吧！08'43"

謝謝！ 08'45"

講次0102
善來阿羅漢的故事（一）

　　大家好！又到了我們一起學習《廣論》的時間了。上一次我們學到，有人宿世修過禪定，所以這一生他不用特別用功，很容易就生起禪定——善來阿羅漢，僅僅見到在僧眾的行列中供養的青蓮花，就生起了遍處定。這是一個怎樣的故事呢？今天我們可以一起來學習一下。00'50"

　　這個故事是出自於律藏。說在佛世的時候，佛陀當時在室羅伐城的祇樹給孤獨園，那時候憍閃毗城的旁邊有失收摩羅山，在那個山下就有很多村落。在那個村落中有一位長者，他的名字就叫浮圖，家財萬貫、豐衣足食。他娶妻不久之後，就生了一個女兒，長相非常地端正、人見人愛。長大之後，她出嫁到哪裡去了呢？就嫁給了給孤獨長

《廣論》段落
奢摩他校訂本：P89-L10 ～ P90-L5 前說正定……彼二而修。
福智第三版：P375-L2 ～ P375-L6 前說正定……二邊而修。

者的兒子。01'43"

　　這個浮圖長者家裡後來又有了一個孩子，但是這個孩子還在胎中的時候，就給浮圖長者帶來了據說是上百種禍害。隨著這個小孩在胎中漸漸地長大，他又一再、一再地給浮圖長者帶來了很多、很多種禍害。那個時候浮圖長者就心裡琢磨了：「要不然我就去園林裡待著吧！」於是他就吩咐僕人們，說：「如果對我發生了重大的危害，你們就趕快來通知我；如果沒有發生的話，就不要通知。」他這樣吩咐之後，他就去到園林裡待著了。02'43"

　　過了一段時間，他的妻子就生下了一個兒子，結果這個小孩出生的當天，就給浮圖長者帶來了據說是上千種禍害。但是這上千種禍害到底是多少種呢？律典上這樣寫，很多、很多吧！然後這個時候有人就要報信啊！匆匆忙忙地就趕到浮圖長者所在之處。浮圖長者一看，有人匆匆忙忙地來了，就很緊張，他心想：「肯定是對我發生了重大危險了、重大危害了！」他就對那個人說：「哎呀，你為什麼要這樣匆匆忙忙地趕來呀？」那個報信的人說：「您

的兒子出生了，請您高興一點吧！」然後浮圖長者就說：「哎呀！雖然是兒子帶來了許多禍害，但是兒子來，真好呀！」接著他的親族們就聚集起來，想：「給孩子起名字吧！這小孩要叫什麼呢？」他們想了又想，就說：「這個孩子曾經被父親說了一句『來了真好』，所以這個孩子的名字就叫『善來』吧！」於是他的名字就叫「善來」了。04'14"

　　隨著善來漸漸地長大，浮圖長者家中的錢財、穀物、珍寶、黃金、僕人、工人，連臨時幫工的人都喪失殆盡。又過了一些時日，浮圖長者也不幸地過世，然後他妻子也過世了。結果還有更悲慘的事情，他們家的大宅院也被火燒了，連同倉庫、農田、錢財和穀物也全被大火燒光。他的鄰居們，那個時候是帶著貨物遠去他鄉的這些鄰居，他們當中有各種各樣的，比如說有人出海經商，做各種事情，結果出海經商的人，船就毀壞了；有的人的貨物就變成了不是貨物，可能是遭遇了一些麻煩；有的人非常、非常地痛苦；還有的人終日閉門不出、鬱鬱寡歡、一言不發，看起來就是很慘烈。僕人、工人和幫工的人們也一

樣，有的過世了，有的逃走了，有的就是很鬱悶，一言不發、也不出門。05'47"

唯獨剩下一位浮圖長者以前的老女僕，她就照顧善來，就剩這個小少爺了！她就把善來送到了童子學校去學習文字和字母，因為要上學呀！家裡這麼慘的孩子要上學呀！06'14"

這個老婦心裡就想：哎呀！浮圖長者萬貫家財已經消耗殆盡，到底是誰的福報沒了，才變成是這樣？是我的嗎？還是善來的福報沒有了，才導致如此？應該看一看到底是怎麼回事！06'39"

她想弄明白，就用善來的名義開始做實驗嘛！她開始煮食物，結果都煮壞了。她又想：「那我用我的名義再煮一遍，會怎樣呢？」結果用她自己的名義煮的食物，就都煮成了。所以她就很快地得了一個結論，說：「這個福緣斷盡的孩子，由於他的罪孽，才讓浮圖長者雄厚的家產如今非常奇怪地都破敗。那麼我可能也會由於他的罪孽，異

常地痛苦，應該逃不過，一定會有這樣的狀況！那麼我到底該拿他怎麼辦呢？」她想了想，找到了一個辦法就是：「逃跑吧！」於是這個老婦人就把他們那些僅存的重要物品都拿走，逃跑了！07'49"

那老婦人逃走之後，屋子就空了嘛！一群狗就跑進去了，結果在那裡邊找一些吃的，就互相打鬥。當時有一個心懷狡詐的人，走過那個地方，他就聽：「很奇怪！為什麼他們家的屋子裡傳來了狗在打架的聲音呢？」他就想：「浮圖長者的家難道空掉了嗎？怎麼會有狗會在這裡邊打鬥呢？我應該進去看看怎麼回事。」於是他就溜進去了。結果看到狗都在那裡打鬥，而沒有一個人，這個屋子真的成了空屋，結果他就從中拿了那些僅存的剩飯殘餘離開了。08'53"

大家可以想想：到這個時候，還在學習字母的那個善來，回來怎麼辦啊？09'03"

善來就想：「啊！要回家吃飯了。」所以他就從童子

的學校回來了。他進到家裡，看到：欸，屋子裡怎麼空空如也？就開始喊道：「乳母！乳母！」他就呼喊那個老婦人，結果沒有任何回應。大家可以想想：一個小孩子！那個時候他會不會很害怕？再想想：這個老婦人是不是也逃得太快了，其實他是一個孤兒了，應該把這個孩子安排安排。或者可能是她覺得這個孩子太嚇人了。09'42"

所以善來回來之後，就沒人了！想想怎麼辦呢？離他家不遠有個親戚家，他就去那兒了。結果他去了之後，那個親戚家也正好發生了爭鬥。等到平息了爭鬥，那個時候他們才彼此說道：「哎呀！聰明的人們，我以前看到你是由衷地歡喜，現在看到你卻想殺了你！」其他人也都彼此這麼說。然後他們就心想：「沒有其他人來到這兒吧？這到底是怎麼回事？」當他們去觀察、探查一番的時候，不知道何時，他們發現善來來了！他們便說：「聰明的人們，這可不是善來，這是惡來啊！由於他的罪孽讓我們發生了爭鬥。」於是善來就被他們趕走了。然後善來沒辦法，又去了另一個地方，結果又讓那裡的那些人變成了那樣，他們也都說了同樣的話，又把他趕走。10'52"

　　於是輾轉善來就到了乞丐群裡，結果那些乞丐也兩手空空要不到飯，就是空著碗回來了。所以他們也說：「聰明的人們，我們以前到哪裡都會兩手滿滿，碗裡滿滿的才回來，現在為什麼兩手空空、碗也是空空的，這到底是什麼原因，要不到東西了呢？」他們就想：「是不是某一些福緣斷盡的有情進入了我們之中，所以我們才兩手空空、連碗也空了？」11'35"

　　他們想了想就說：「想個辦法調查一下，做個觀察！」於是分頭來進行！他們怎麼進行呢？他們就分成了兩群去乞討。然後只要善來進入哪一群人當中，他們就會兩手空空、碗也是空著回來了。這個時候他們就再分成兩群去乞討，就發現只要善來進入哪一群人當中，那一群人就會兩手空空、碗也是空的。然後他們又再分兩團，結果又變成那樣。經過一再一再地區分，最後他們就分成只剩兩個人了，就剩善來和另一位乞丐——他們同時去乞討的兩個人。就剩兩個人怎麼辦呢？再分，再各別分開。結果呢？最後就只剩下善來一個人，兩手空空、空著乞碗回來了！而其他人都是兩手滿滿、乞討的碗也是滿的回來。所

以他們就說：「唉呀！是由於這個福緣斷盡的有情進入了我們之中，所以我們才兩手空空、連碗也是空的回來了！」想到這裡他們就很憤怒，他們就打了善來，把他趕走！ 13'04"

講到這裡的時候，大家可以想到其實他是一個可憐的孩子，從一個少爺、家財萬貫的少爺，變成了一個流浪兒。人們看到他應該可憐他，或者幫忙他一下，但是都害怕他這種好像非常窮苦的命運連累到自己，所以大家對他一點也不善意。有發現嗎？要嘛打他、要嘛罵他、要嘛把他轟走。可以想見這樣一個孤兒，他是何等地悲慘！ 13'45"

講次0103
善來阿羅漢的故事（二）

　　當時在室羅伐城，有一位浮圖長者的老朋友，他們是從小就認識的，他正好就帶著貨物去到失收摩羅山。結果他就看到了善來，發現他手裡拿了一個空碗走在集市上：這張臉怎麼這麼熟悉？透過容貌就認出來了。「哎呀！」就走上去說：「孩子啊！你不是浮圖長者的兒子嗎？」善來說：「是的！」長者就問道：「你父母去哪兒了，怎麼一個人啊？」善來說：「過世了！」長者說：「那你們家的屋子，還有倉庫、農田、錢財那些東西、那些穀物呢？你怎麼變成是在乞討呢？」善來就說：「著火了！全被火燒光了！」01'19"

　　長者又說：「那你的那些鄰居們都帶著貨物去他鄉

《廣論》段落
奢摩他校訂本：P89-L10 ～ P90-L5 前說正定……彼二而修。
福智第三版：P375-L2 ～ P375-L6 前說正定……二邊而修。

了，他們在哪兒呢？」這個長者問的意思，就是為什麼沒人管管你的意思。然後善來就只好說：「他們有的在大海裡，船就被毀壞了；還有的人經商，貨物也就變壞了；有人精神非常地痛苦、異常地痛苦，抑鬱寡歡、一言不發，也不出門。」長者還不死心就問說：「那親戚呢？親戚去哪兒了呢？」善來就說：「有的過世了，有的也逃走了，有的就是大門不出，也不愛說話。」長者還不死心繼續問說：「那你們家的僕人，還有工人、幫工的，那麼多的人都去哪兒了呀？」善來說：「也是啊！有的過世了，有的逃走，有的就待在那兒，也變成了一言不發、大門不出。」02'28"

聽到這裡，長者沒有再問，就哭了，流淚哽咽，很可憐這個孤兒說：「孩子啊！你就跟我一起去室羅伐城吧！」善來也很絕望，就說：「長者，我去了那兒，又會怎樣呢？」長者說：「你跟我一起去那兒，那兒有一位給孤獨長者，他的兒子娶了你姐姐為妻，所以你去那兒的話，你的親姐姐就會幫助你的，會提供你的所需呀！」善來說：「長者，那就走吧！」不知道這個時候善來會不會

很高興啊？那位長者就給善來兩枚錢幣，說：「孩子啊！在我變賣貨物之前，你就先用這個去買吃的、住的，來換取這些需要吧！」所以善來就把那兩枚錢幣塞進了衣角裡邊放著，有錢了！可是由於業的異熟，他很快地就把那兩枚錢幣全忘得一乾二淨。03'55"

等到那位長者變賣了貨物，換成了金錢，就來找善來了，帶他一起動身。結果，長者那些一起同行的同事們就開始打架呀、爭鬥啊，甚至他們運貨物的牛群都開始打架了。然後這些人又開始說了：「聰明的人們啊！」不知道那時候他們為什麼要一直叫聰明的人們？可能是要讚美對方。說：「我們以前彼此相見，都是由衷地歡喜；今天我們彼此相見就開始爭鬥，連牛群都開始打架了。是不是那個惡來來這兒了？那個惡來沒來這兒吧？」看來善來在那個地方是非常非常有名，好像他到哪裡，哪裡就會發生災害。他們想到這兒就開始四處看，結果他們居然發現善來就在這個隊伍中！他們就說了：「聰明的人啊！這可不是善來，這是惡來呀！由於他的罪孽，我們開始爭鬥，牛群也開始打架。」生起了這樣的看法，他們就把善來趕走

了。05'05"

　　但是還有一位長者呢！長者就說：「哎呀！這可是我故交好友的兒子啊！親兒子啊！可不可以不把他趕走？」他們就說：「長者，您雖然是有權管理我們，但是我們可不敢跟他結伴一塊兒走呀！如果他跟著走，那我們就沒法走了，我們就不走了！」大家僵持不下，後來那位長者就只好對善來說：「孩子啊！那你就遠遠地跟在後面來吧！我會為你留下食物。」所以善來就跟在隊伍的後面，一定是有一定的距離，不然大家都不願意帶他——應該說堅決地不帶他！大家可以想一想善來的困境啊！好不容易有一個爸爸的老朋友帶著自己，可是其他的人還是容不下他，他就發現走到哪裡，哪裡的人都容不下他，很淒涼、很悲慘的命運。06'09"

　　那位長者為他留下食物了，他就在遠方跟著嘛！那個食物有的放地上，用土蓋上，可能是埋起來了；有的放在樹的樹杈上，用葉子蓋著。結果他的食物凡是放在地上用土蓋著的那些，就被狐狸給吃了；放在樹上，用葉子蓋著

那些，鳥和猴子，反正能爬上去的都吃了。善來就只得到一點點、一點點的食物，很多、很多他都沒有吃到。所以你可以想像那麼長途地跋涉，他該活得多麼地辛苦！但是他依然忍受著，繼續向前行進，因為他要跟著這個長者去找他姊姊！ 06'57"

注意喔！善來是身為最後有的有情，在他還沒有獲得無漏果以前是不可能死亡的。那麼「最後有的有情」，就是指此生一定會斷除煩惱的有情。最後有的有情還沒有獲得阿羅漢的無漏果時，是不可能會死亡的。所以他雖然僅僅得到一點點維生的東西，跟著這樣的隊伍走是非常艱辛的，但是絕不會死亡。07'29"

因此，善來就漸漸地跟著隊伍後面走，走、走就抵達了室羅伐城。在室羅伐城外面有一口井，他就坐在井邊休息，因為實在是太累了！結果他的親姐姐——就是嫁給給孤獨長者家的那位姐姐——正好她的侍女就拿著水瓶，到了那個井口邊汲水。結果她也透過容貌認出善來了——不知道是不是姐弟倆有點像——就對他說：「您是不是失收

摩羅山浮圖長者的兒子善來呀？」他說：「是的。」就問他說：「那你的父親和母親去哪兒了？」善來說：「過世了。」說：「那你們家的屋子、倉庫、農田、錢財和穀物……？」她可能是看到善來衣衫襤褸，非常地窮困潦倒才問這個吧！善來就回答說：「全被火燒了！」然後同樣問一遍說：「那帶著貨物去他鄉的鄰居們去哪兒了呀？」說：「有的在大海裡船隻壞了，貨物也變了，有的精神異常地痛苦、一言不發。」她說：「那你親戚們又去哪兒了？」說：「有的過世，有的逃跑。」「僕人呢？」「僕人們也都逃跑了，有的過世了，有的就是待在屋子裡一言不發。」09'14"

經過這一番詢問，那位侍女聽完了這種悲慘的遭遇就哭出來了，流淚哽咽！就對善來說：「在我通知你的姐姐之前，你就在這兒待著吧！」說完她就趕快回家去告訴她的女主人說：「主人、主人！你弟弟來了呀！」主人很驚訝，說：「他是怎麼來的？」那個侍女說：「他是靠著拐杖，破衣爛衫，手裡捧著一個碗。」主人聽了之後，馬上就託付一些衣服還有錢幣給她那個侍女說：「你趕快送過

去，跟弟弟說：『先用這個來維持吃、穿所需，之後如果遇到外甥和外甥女們的話，他們會儘量地奉上錢幣，以親族們的心意，你是不會完了的。』」那個侍女就趕快去了，把衣服和錢幣送給了善來，然後說：「姐姐有話說：『你先用這個來維持你的吃、穿用度，之後如果遇到外甥和外甥女們的話，他們會儘量地奉上錢幣，以親族們的心意，你是不會完了的。』」說完就趕快走了。10'44"

善來心想：「哇！給孤獨長者親族眷屬是這麼廣大，我過去也是親族眷屬廣大的，如果現在就過去的話，他們看我這樣子一定會對我問話，會拖很久，拖這麼久的話，我就會餓死。不如我趕快用這個錢吃點飯，吃飽了再去，再輕鬆地讓親族們各個都歡喜吧！」所以他就去了酒鋪，結果喝了足夠讓他醉得不醒人事的酒。就醉了嘛！醉了就在園林裡睡著了。11'32"

那個室羅伐城有強盜啊！他們常常就在園林裡搜索，如果看到有人睡覺，就會用腳動一動他，如果那個睡的人醒來了，他們就假惺惺地說：「哎呀！家主啊！室羅伐城

有一些掠奪園林的人在園子裡搜索，他們會洗劫睡著的人，你有沒有聽說呀？趕快起來！」如果他們用腳動一動，沒醒來的，他們就會偷偷地把所有的東西搶走。12'07"

大家可以想一想：正巧這些掠奪的人，強盜嘛，就來到這裡了，然後正好就看到善來在睡覺，他們就用腳動一動他，結果發現是醒不來的，就洗劫了善來而去。等到他酒醉醒來了，才發現什麼又都沒了，洗劫一空嘛！他就只好穿著那個破衣爛衫再待著呀！因為他可能不知道路，也不知道該怎麼辦。12'46"

這個時候他姐姐著急呀！在家裡盼，說：「為什麼我那個弟弟要拖這麼久還不來呀！」再趕快派她的侍女：「你快去看一看！」她的侍女就趕快去找，東找西找，欸！結果看到善來的時候，發現給他的所有的東西和錢什麼都沒有了，原來是被搶劫了！那個侍女就趕快跑回去，因為侍女發現這不妙，就趕快跑回去告訴女主人說：「主人啊！他被洗劫一空，結果什麼衣服也沒換，還是穿著原

來的衣服那個打扮。」13'27"

這時候姐姐的心就涼了，她想：「他是個福緣斷盡的有情，由於他的罪孽，家裡邊很多錢財都非常奇怪地耗盡了，如果現在我讓他來的話，那我公公家也由於他的罪孽而異常地痛苦，一定會有這樣的狀況！」所以她想了想：如果讓他來家裡就會這樣，那麼就選擇不讓他來。所以她就放棄了善來！大家可以想想喔！善來唯一的親姐姐放棄了他，很悲慘的！如果他的親姐姐知道他以後會證得阿羅漢的話，把他請到家裡該多有福報啊！ 14'27"

話說到善來，也是由於業障，結果忘了什麼了？忘了他是來找他姐姐的，他又進入了乞丐群裡，把這件事忘了！大家想想，去看姐姐的這個事怎麼可能忘呢？業成熟的時候，就會發生不可思議的事情！他到了乞丐群裡，結果一模一樣的事情發生了──那些乞丐要不到東西了！然後他們又開始調查，說：「奇怪！聰明的人，我們以前到哪兒都是能要到東西啊！手是滿滿的、碗也是滿滿的，現在我們手是空空的、碗也是空空的，到底是什麼原因

啊？」他們說：「在我們之中，是不是來了一些福緣斷盡的有情，所以我們才這麼地貧瘠啊？那也做個觀察吧！」15'31"

於是又開始了，就分成兩頭來進行。結果分了之後，大家可以想見，一定是善來進入哪一群人中，他們就會要不到東西；然後又同樣再分、再分、再分，還是只要善來進入哪一個群，他們就會兩手空空。然後一再一再地、一再一再地分，都變成了這樣。最後就善來和另一位乞丐分在一起了，結果再分開來，善來還是兩手空空。這樣對比之下，其他人——沒有跟善來一起的其他人，手是滿的、碗是滿的。大家就知道了，說：「一定是由於福緣斷盡的有情進入我們之中，我們才兩手空空！」發現了這件事之後，他們居然痛打了善來，而且用那個碗砸破了他的頭，然後說：「惡來，你趕快走開！」非常非常地不客氣，打了他，又把他趕走！16'49"

大家可以想想他的遭遇啊！在這裡邊，我在讀這篇故事的時候有注意到一件事，其實人們對他是非常不善意

的，但是善來沒有惡語相向，也沒有詛咒誰，他就是在忍受；他好像也沒有抱怨，這裡邊沒有善來抱怨一句，都沒有！但是遇到他的人都是對他很惡意，無可奈何地傷害他。我不止一次地想到：啊！如果這個乞丐群裡，如果大家能夠對他善意一點的話，因為他以後會成為最後有的阿羅漢，大家會集多大的福報！他成了阿羅漢，那該是一件多美的事情！但是人們遇到他不是這樣做的。17'50"

　　想一想：啊！如果我們遇到了這樣的人，就在今生我們遇到了這樣的人，就眼前的事情來看，他好像走到哪兒把霉運帶到哪兒，大家都因為他倒霉；但是他是最後有的一定會證得阿羅漢的一個人，所以是非常稀有的一個人，他的顯現卻是這樣。如果只重視到顯現的部分就去下定義的話，人們就會這樣對他。不是所有人都這樣對他，比如說他爸爸的老朋友就不是這樣對他的，這裡邊還是有人造了別業，也不是所有人都這樣對他。那你說他爸爸的老朋友遇到他，應該也是貨物什麼都翻了或是怎麼，他爸爸的老朋友就沒有被影響，而且依然是非常慈憫地對待這個孤兒，是比較有人性地、比較有慈心地對待他。讓我們感覺

到：啊！人世間還有這種溫暖的心存在！不是所有的人都看：「你沒有錢啊！和你在一起會不會幸運啊？」而是看到他孤獨、看到這麼可憐，從家財萬貫成為一個流浪兒，然後就不辭辛苦地、不怕什麼地一路帶著他，把他帶到他姐姐那兒。19'12"

所以我覺得，他爸爸這個老朋友，就是這個故事裡邊的非常溫暖的一個存在，在善來整篇的這種悲慘的遭遇中，他是一個非常明亮的存在。也啟示我們：遇到了這麼可憐的人，千萬不要因為他衣衫襤褸、因為他怎麼樣，就不敬重他，就一直呵斥他、打他、罵他，不要這樣做！人們不要這樣做比較好。19'43"

講次0104
善來阿羅漢的故事（三）

　　舍衛國的給孤獨長者，也被稱為須達長者和善與長者，他具有很大的福德，富饒自在，廣積無量的財寶。那麼他的財富到底有多少呢？經典上說，他的財富跟毗沙門天王是相等的。而且不僅如此，他還能夠探知到寶藏，比如說他能夠知道有主人的寶藏、沒有主人的寶藏、水中的寶藏、陸地的寶藏，還有或遠、或近的寶藏；他不僅知道，並且還能如他所願那樣獲得。他經常喜歡布施物品給孤獨的老人和窮人、乞丐，所以其他人尊稱他為「給孤獨長者」。01'14"

　　有一天，給孤獨長者就要請佛陀及僧眾來到家裡應供，所以就準備了種種上妙的美食，一心仰望著佛陀與僧

《廣論》段落
奢摩他校訂本：P89-L10 ～ P90-L5 前說正定……彼二而修。
福智第三版：P375-L2 ～ P375-L6 前說正定……二邊而修。

眾的到來。給孤獨長者很殷勤地忙，這個時候就吩咐他的傭人們說：「聰明的人們！只要佛陀和比丘僧眾還沒有用完齋，就別讓任何乞丐進來；用完齋之後，再布施給他們吧！」所以當乞丐要進來的時候，門衛就把他們擋了回去。結果他們就說：「哎呀，家主啊！是由於我們的名字，才使善與長者的名字以『給孤獨』而聞名的，您為什麼要把我們擋回來呢？」他們又說：「聰明的人們啊！是不是那個惡來又進入我們之中了吧？趕快看一看。」結果他們就查看了一番，真的發現善來就進入其中了！他們就說：「唉呀，這就是因為那個惡來呀！」02'33"

於是大家可以想一想：大家會對善來尊者做什麼？他們又痛打了善來，並且用那個碗打他的頭，把他的頭都砸破了。砸破了之後，他們一起抓住他的手和腳，就把他扔到一個垃圾堆上，對他說：「惡來，你就在這兒待著吧！」扔到那兒之後，這個善來也就只能在那個垃圾堆上哭著，因為大家人多勢眾，就欺負他。03'16"

在給孤獨長者家的那邊，長者就派使者去迎請佛陀

了。於是那天上午世尊就著好袈裟、捧持著鉢，在大眾的圍繞下，準備前往長者家陳設飲食的地方去應供了。03'38"

這個時候世尊就停下了腳步——03'45"

大家可以想一想：他為什麼停下了腳步呢？03'50"

是由於大悲心牽引的力量，世尊停下了腳步，他面向著善來的方向。04'02"

世尊就看到了善來待在那個垃圾堆上，頭破血流，而且在痛哭。看到之後，世尊就告訴比丘們說：「你們應當對於流轉在三有無邊苦海的情況發起厭離呀！也應當厭離生死中的資財受用。你們看一看這位最後有的有情，下輩子已經不會再流轉生死了，但是他現在仍然要承受著這般的苦惱，幾乎是不能靠自己生存下去的！」說完，就告訴阿難尊者說：「請你今天應該為善來留一半的食物。」04'55"

等世尊到了長者的家中，坐上了座位，給孤獨長者看大眾都坐好了，就奉上了種種清淨美妙的飲食，令佛陀和僧眾全部都感到飽足。長者看到世尊用完了齋、洗了手、放下了缽，便拿一個短小的座位，為了聽法就坐在世尊的面前。這個時候——注意！這個時候阿難尊者由於善來的惡業力量的影響，居然忘了剛剛答應過世尊，要留給善來一半的食物的這件事！但是阿難忘了，而世尊具有不忘念的功德，是絕對不會忘記事情的；世尊也知道阿難尊者忘了留食物，所以就從自己的缽裡留了一半，給善來留食物了。06'00"

等到阿難尊者用完齋了，拿到世尊缽裡的剩飯，這個時候阿難尊者才想起：「哎呀！世尊對我說要為善來留下缽裡的剩飯，我居然忘了！」所以阿難尊者很自責，就哭了！世尊說：「阿難，你為什麼要哭啊？」阿難尊者就說：「哎呀！我今天心智擾亂不安，竟然違背了世尊您的教誨。」佛陀就對阿難尊者說：「假使贍部洲四周的大海都充滿了諸佛，這些佛陀們各各都宣說甚深的佛法，你都能毫無遺漏地憶持下來，是不會忘的。今天是由於善來的

福報實在是太薄了，讓你都記不得了！但是你現在可以去把那位善來叫過來了。」06'55"

阿難尊者便去叫：「善來！善來！」大家都知道這個名字就是「歡迎你來」的意思，所以很多人就回應了：「啊！」大家在心裡想：世尊是三世間的導師，現在他在想著誰呢？這時候具壽阿難尊者回來就啟白說：「世尊，我叫了：『善來！善來！』可是很多人回應了，那我應該找誰呢？」說：「阿難，請去叫：『誰是失收摩羅山浮圖長者的兒子善來，請過來吧！』」具壽阿難尊者聽了之後就是這樣去叫了。07'35"

善來便想起了自己的名字，他想起了之後，他就說了偈頌，大家聽一下這個偈頌：「**我忘善來名，今從何所至，豈非不善盡，而善將得生。誰人皈依汝，彼怙為遍智；誰樂汝言教，眾聖是善來。我已離福緣，親友皆棄捨，得猛暴悲處，愁痛箭所逼。**」這段是在說什麼呢？說：「我早已經忘記『善來』這個稱呼了，怎麼會有這個名字、名稱啊？莫非我的不善都消盡了嗎？而善妙就

要來到了嗎？那些人皈依於您，他們的依怙是一切智智；那些歡喜您語教的人，以及眾聖者們，他們才是善來呀！而我是一個無福的人，所有的親友都拋棄了我，我處在猛烈的悲苦的境地，就像是中了憂愁痛苦的箭一般，身心在煎熬著呀！」08'55"

這個時候阿難尊者就來到他面前，帶著善來到了佛陀所在的地方。然後他就向著佛陀啟白道：「大德！這就是那位善來。」善來禮拜了佛陀的雙足後，退到一邊坐了下來。大家想想：這個時候該做什麼了？對！要給他吃的。然後佛陀就吩咐阿難尊者，把剛才那半份食物送給他。世尊就說：「孩子啊！你想吃世尊缽裡的剩飯嗎？」「世尊，想吃！」那個時候善來看到那半份食物，便開始流眼淚了：「雖然世尊為我留了食物，但是這麼一點點怎麼能讓我解除飢餓呢？」世尊知道了善來的想法，用安慰的語言告訴善來說：「即使你的肚子寬廣像大海一樣，你的嘴大到張開每一口都能吃下一座須彌山，無論你吃多久，只要你還沒有飽足，如來缽裡的食物都不會被吃完的。你現在就放心地吃吧！別再傷心了！」善來就開始吃了，因為

他實在是太餓了。10'20"

　　吃完了之後，心情就高興起來了。他吃飽後凝望著世尊的容顏，世尊就問他說：「孩子善來，你飽了嗎？」「世尊，我飽了！」「那請拿最後一口吧！然後食物就會不見囉！」所以善來便拿了，然後食物真的一下子就不見了。這個時候給孤獨長者就啟白說：「世尊，這位是誰啊？」世尊說：「長者啊！這就是失收摩羅山浮圖長者的兒子呀！」「世尊，那麼他就是我從小結識的那個老朋友的兒子了！」世尊說：「長者啊！正是他。」11'17"

講次0105
善來阿羅漢的故事（四）

世尊做了祝願之後，就從座位起身而去。00'20"

善來就跟隨著世尊，然後世尊到了經堂，在比丘僧眾前面坐在鋪設好的座位上，善來也頂禮世尊的雙足，就坐在一邊。00'38"

世尊就心想：「應該要淨化他的業。」於是世尊就告訴善來說：「善來，你有些錢幣嗎？」善來說：「世尊，沒有。」世尊說：「孩子啊，看看你的衣角吧！」然後善來就解開自己的衣角，結果就看到了一枚錢幣，啟白佛陀說：「唉呀！這枚錢幣是我父親的老朋友看我實在是太窮，拿來送給我的，但我真的是福薄，居然忘得一乾二

《廣論》段落

奢摩他校訂本：P89-L10 ～ P90-L5 前說正定……彼二而修。
福智第三版：P375-L2 ～ P375-L6 前說正定……二邊而修。

淨！」世尊就告訴他說：「你可以拿這枚錢幣買青蓮花回來。」01'27"

善來就奉持了佛陀的教誨，到了賣花人那兒去了。01'40"

那位賣花的人叫作藍婆，善來就進到了園子裡，那個園主藍婆一看見，就馬上對他吼，說：「惡來你快走！不許進我的園子！不要因為你的緣故，讓我的樹都枯乾了、池塘也都乾了！」是滿兇的。善來就對她說：「是世尊派我來買青蓮花的。」然後善來又說了一個偈頌：「**我於青蓮花，其實無所用，大師一切智，遣我買將來。**」意思就是：「青蓮花對我有什麼用呢？是一切智的導師世尊派我來把它買回去的啊！」02'27"

這個藍婆一聽：喔，是佛陀派來的！立刻就改變了心意，心生敬仰，也說了一個偈頌：「**牟尼大寂靜，天人咸供養，汝為佛使者，須花任意將。**」就是說：「釋迦牟尼佛具有寂靜的體性，無論人和天人都會供養他！既然

你是佛陀派來的使者，你要多少花就隨意拿去吧！」這個時候善來就把錢幣給了賣花的藍婆，拿了很多青蓮花，就回到了佛陀的住處。03'15"

世尊看了之後就對他說：「善來！你可以拿這些蓮花依次地去供養僧眾。」然後善來就拿著花，按照次第，對佛陀及僧眾作了恭敬地供養。那個時候比丘都不敢拿，佛陀就說：「對於這位施主生憐憫心，為了淨化他的業，應該接受！這些有香味的東西，都是對眼睛有益處的，拿起來聞花香不會有過失。」所以比丘們就接受了善來的花，這個時候蓮花就都開了，就綻開了！04'04"

注意喔、注意！高光時刻來到了！結果善來就看到了這個青蓮花綻放，開花了！他過去生曾經在諸佛的座下修習「青遍處三摩地」的那個影像——注意喔——是瞬間現起，如在目前，開始顯露真相！開始出現他過去生修熟練的「青遍處三摩地」的影像。接著世尊就為他演說法要，開示教誨，並且讚歎功德，令他心生歡喜，結果善來便現證了空性。05'00"

善來現證了空性！05'00"

這個時候善來獲得了初果，就說了偈頌慶賀及讚歎：05'07"

「佛以方便勝罥索，牽我令住於見諦，

於惡趣中興愍念，如拔老象出深泥。

我於昔時名善來，後時人號惡來者，

今是善來名不謬，由住牟尼聖教中。」05'34"

那麼這個偈頌在說什麼呢？說：「佛陀以方便的殊勝繩索牽引著我，讓我安住在現證真諦的果位中，對於身處險處的眾生心生悲憫，如同把老邁的大象拉出了深深的泥潭。我本來名字叫善來，後來人們又叫我惡來，現在又叫回善來了，這是名副其實啊，因為我安住在能仁的聖教中！」06'08"

善來尊者過去曾經生起過「青遍處定」，而當他站在年長者的那一側，能夠看到比丘們手中那些青蓮花；當看

到的那一瞬間青蓮花在綻放的時候，他就瞬間現起了他過去生修過的青遍處的定。很神奇吧！瞬間，這麼快！06'38"

　　然後世尊說：「善來，你為什麼不出家呢？」善來說：「世尊，我要出家！我出家！」於是世尊就度他出家了，受了近圓戒，也就是比丘戒，世尊也賜予他教授。06'57"

　　善來出家之後，非常地努力，單獨在幽靜處，具足了不放逸和精進。在他拋卻了自我、一心努力的時候，思考：善男子們是為了什麼而剃除鬚髮、被袈裟衣，只信仰著真理、從家出家的呢？那無上的梵行邊際，善來已經在此生用自己的神通現證而成就，並且通告其他人說：07'39"

「我生已盡，梵行已立，

　所作已辦，不受後有。」07'48"

有沒有聽到這幾句非常熟悉，在《般若經》上常常出現！07'53"

善來尊者他成為了阿羅漢，遠離了三界貪欲，心對於土塊和金子他是平等的，虛空與手掌也是相等的，就像安置了栴檀般地清涼；用智慧撕裂了無明的卵殼，獲得明了、神通和無礙解；背棄了三有和貪欲的利養和恭敬，帝釋和遍入天等的天神都應該供養、尊崇、恭敬地跟他說話。08'38"

接下來我講這個不是從律藏上出的，因為我想從教理的依據上，跟大家稍稍解釋一下：08'51"

阿羅漢到底證得了什麼呢？08'55"

比如說獲得了阿羅漢果，他必須要斷除三界一切煩惱。最初獲得見道解脫道的時候，就要能斷除一切見道所斷的遍計煩惱；之後他要進入修道，透過修道漸次地斷除三界九地八十一品煩惱；在最後斷除有頂第九品最細微的

煩惱的時候，才能獲得阿羅漢的果位，所以是非常、非常不容易的！ 09'32"

通常一位小乘行者獲得見道解脫道的時候，就能獲得初果，就是須陀洹果；當他對欲界第六品煩惱離欲，或者說透過無漏道斷除欲界第六品煩惱的時候，才能夠獲得二果，也就是斯陀含果；當他對欲界第九品煩惱離欲，或者透過無漏道斷除欲界第九品煩惱的時候，就能獲得三果，也就是阿那含果；當他透過無漏道，注意，當他透過無漏道斷除有頂第九品煩惱的時候，也就是斷盡三界一切煩惱的時候，就獲得了四果，也就是阿羅漢果。 10'21"

接著說，當具壽善來證得了阿羅漢，感受到解脫的歡喜和快樂，那個時候他又說偈頌： 10'35"

「勇士見真性，方便羂繫我，
悲令出苦淖，如老象出泥。
我昔為善來，其後是惡來，
今由能王語，明晰成善來。

如鐵我由聞，遍智汝勝語，

今亦得無漏，猶如黃金身。

若欲珍寶等，及善趣解脫，

親恆欲饒益，善知識善哉。」11'10"

翻譯一下：「觀見了真性的勇士，用方便的繩索綁住我」，這讚美誰？讚美佛陀是吧！說：「觀見了真性的勇士，用方便的繩索綁住了我，而以悲心令我出離痛苦的泥沼，就像把老邁的大象拉出泥濘一般。我過去成為了善來，在那之後卻是惡來，如今由於佛陀您的尊語，清晰地成為了善來。遍智啊！有如鐵一般的我，聽聞了您殊勝的尊語之後，如今也獲得了猶如黃金的無漏之身。如果想獲得珍寶等等，以及想要得到善趣及解脫，應該親近恆常想要饒益的善知識，這簡直是太美好了！」這是善來尊者他從內心深處對佛陀發出的讚歎。12'28"

講次0106
善來阿羅漢的故事（五）

　　自從佛世尊度化了舍利子、大目犍連、大迦葉，還有畢鄰陀伐蹉尊者等人，結果世間那些不生敬信的人們就開始不高興了！他們沒有隨喜佛陀的利生事業，反而議論紛紛地誹謗說：「沙門喬答摩是盜取世間珍寶的賊啊！這個時代出世的天下英才、人中龍象，都被他偷拐搶騙去出家，用來作為自己的僕人去了！」00'54"

　　佛陀也曾度化挑糞人尼提，還有小路──就是周利槃陀伽尊者，還有牛主、勝惠河邊的五百個漁夫，以及善來尊者等人。那些不生敬信的人們又開始譏笑、毀謗說：「沙門喬答摩貪心地收集弟子真是無有厭足啊！他也度了世上貧賤愚癡的人出家來聽他使喚。」01'27"

《廣論》段落

奢摩他校訂本：P89-L10 ～ P90-L5 前說正定……彼二而修。

福智第三版：P375-L2 ～ P375-L6 前說正定……二邊而修。

　　世尊聽到之後心想：「我的大弟子們功德有如須彌山，人們無知啊！動不動就輕視調笑、沒有緣由地造下了罪孽，結果自己傷害了自己。如今我應該彰顯善來殊勝的功德！」只要佛陀的弟子中真的具有殊勝的功德，世人又不知道的，世尊自然就會巧設方便令它彰顯出來。02'04"

　　這個時候世尊為了彰顯善來的功德，就開始吩咐阿難尊者說：「我今天想去失收摩羅山，如果比丘們想跟我去的，就可以帶著衣缽一同前往了！」02'22"

　　世尊調伏，眷屬具足調伏；世尊寂靜，眷屬具足寂靜；世尊解脫，眷屬具足解脫；世尊安穩，眷屬具足安穩；世尊調柔，眷屬具足調柔；世尊摧敵，眷屬具足摧敵；世尊離欲，眷屬具足離欲；世尊美妙，眷屬具足美妙。像牛王，被牛群所圍繞著；像大象，被小象所圍繞；像獅子，被獅群所圍繞；像鵝王，被鵝群所圍繞；像金翅鳥，被眾鳥所圍繞；像婆羅門，被弟子所圍繞；像良醫，被病者所圍繞；像勇士，被軍隊所圍繞；像嚮導，被旅人所圍繞；像商主，被眷屬所圍繞；像國君，被群臣所圍

繞；像轉輪王，被一千王子所圍繞；像月亮，被群星所圍繞；像太陽，被千萬道光芒所圍繞；像護國天王，被乾闥婆所圍繞；像增長天王，被鳩槃荼所圍繞；像廣目天王，被群龍所圍繞；像多聞天王，被藥叉所圍繞；像阿修羅王，被阿修羅所圍繞；像帝釋，被三十三天眾所圍繞；像大梵天王，被梵眾所圍繞。世尊諸根極為調伏，威儀舉止不亂，像大海般地沉穩，又像雲一般地滋潤，如象王般遠離了傲慢；三十二大丈夫相善妙莊嚴，八十隨好美飾尊身，常光一尋莊嚴尊身，具足勝過千日之光，像寶山行進一般全然善妙；具足十力、四無所畏、不共三念住及大悲。在阿若憍陳如尊者、馬勝尊者、具賢尊者、婆濕波尊者——五比丘之一——還有大名尊者、稱譽尊者、富樓那尊者、無垢尊者、牛主尊者、妙手尊者等等這些大聲聞弟子，以及許多比丘僧眾的圍繞下，排在前列，往失收摩羅山遊行。05'26"

大家可以想一想那樣一個隊伍嗎？該是何等地莊嚴！我們還是發願有一天跟隨在世尊的隊伍中。05'38"

　　這樣的一個隊伍到了失收摩羅山之後，結果他們住在了可怕的森林當中。那個時候那個區域附近就有一條毒龍，牠住在菴婆樹的林子裡邊。菴婆樹是什麼？《廣論》裡學過吧！那個「菴摩羅果」，很透明的那種——形容佛陀的遍智會把一切都看穿一樣；那種樹的林子裡面——菴摩羅果樹林。06'09"

　　那個地方山區周遭的莊稼常常被損傷，這個山裡的人們聽到佛陀來了，哎呀！全部都雲集起來，他們就來到了佛陀的住所，頂禮佛陀的雙足，坐在一旁。世尊就為大眾演說妙法——開示、教誨、讚勵、慶喜，講完之後，世尊就默然而住，一片寧靜。06'44"

　　這個時候山裡的這些人就全都起身了，開始頂禮佛陀的雙足，啟白說：「世尊啊！希望您悲憫悲憫我們，明天能夠來我們的住宅，接受我們微薄的供養吧！」世尊聽了之後就默許了。那個時候人們知道：啊，世尊接受了！就都離座回家了。07'11"

　　那天夜裡大家就連夜準備了種種上妙的供養，在隔天早晨鋪設座位、放置裝水的容器，在日出之後，就派出使者前往啟白。世尊在當天一早，帶著衣鉢，在大眾的圍繞下就去了設供的地方，在首座的位置上坐下來了。然後失收摩羅山的婆羅門和長者們知道世尊和比丘僧眾們都已經坐好了，就親手奉上潔淨又美味的飲食開始供齋，佛陀和僧眾都得以飽足。世尊用完了齋、蓋住了手、放下了鉢──接著該做什麼了？人們為了聽法，就又坐在世尊的面前。08'12"

　　有人啟白佛陀說：「世尊！我們常聽說您非常善於降伏可怕的藥叉，像是曠野藥叉、箭毛藥叉，還有驢像藥叉等等；也非常善於降伏女藥叉，像是阿力迦、訶利底等等。還會降伏毒龍，像難陀、鄔波難陀、阿鉢羅龍王等等都被調伏了！不過，世尊啊！這座山下的菴婆毒龍，常常無緣無故地與我們為敵，蠻橫地傷損無辜的眾生，每天早中晚都一定會吐出毒氣，方圓百里之內所有的飛禽走獸，聞到牠的毒氣都會喪命，那些沒有喪命的男男女女膚色都變黑、變黃了，失去了健康的光澤。我們盼望世尊您能哀

憨我們，降伏這條毒龍吧！」09'19"

　　世尊聽後，默許了失收摩羅山的婆羅門和長者們的啟白。然後世尊多番地以如法語開示，令他們受持，鼓勵他們，令他們歡喜之後，便從座位起身而去。09'41"

　　然後世尊就回到了經堂，在比丘僧眾的前面，坐在鋪好的座位上。坐定之後，世尊就告訴阿難尊者說：「阿難！去吩咐比丘們說：『你們之中誰願意調伏菴婆毒龍的，就請拿木籌吧！』現在就可以發給僧眾木籌。」阿難尊者說：「世尊，遵命！」就聽從世尊，然後開始吩咐比丘們說：「你們之中誰願意調伏菴婆毒龍的，請來拿木籌吧！」就開始發給僧眾木籌。10'29"

　　這個時候，大家就都有注意到世尊沒有拿取木籌，長老比丘們心想：「世尊為什麼不拿木籌呢？」因為他們都有他心通，經過觀察，他們立刻就發現：喔！世尊是想要宣揚具壽善來尊者的功德。於是大家也都不出來拿木籌。這個時候善來尊者就想：「世尊和長老比丘們為什麼不拿

木籌呢？」結果他也迅速地發現世尊是想宣揚他自己的功德。於是他想：「哎呀，應該圓滿世尊的心願啊！」於是就從座位上起身，伸出了宛如象鼻的手臂，拿了木籌。11'30"

然後世尊就問具壽阿難尊者說：「阿難啊！是哪位長老比丘拿了木籌呀？」「世尊，是具壽善來拿了。」世尊說：「阿難啊！去告訴善來比丘：『那是條惡龍，你可要守護好身根啊！』」具壽阿難尊者聽了之後說：「世尊，遵命！」然後就聽從世尊教誨傳話，去善來尊者面前說：「具壽善來，世尊有教誡說：『那是條惡龍，你可要守護身根啊！』」具壽善來尊者說：「大德阿難，我聽到世尊的教誡了，遵命！但即使菴婆壽龍像甘蔗林或者蘆葦叢、或竹林一樣，充滿了整個贍部洲，牠們連我的毛端尚且都動不了，哪能滅得了我的身根啊！這是因為我在世尊面前依止、修習、多次修習了四神足的緣故啊！」12'43"

然後，具壽善來尊者過了當晚，在第二天早晨，穿起了比丘的下裙，捧著缽、搭著法衣，就去失收摩羅山乞食

了。在失收摩羅山乞食過後，大家想想他去哪兒了？他接著就去了菴婆壽龍的住處。13'12"

菴婆壽龍看到具壽善來尊者，哇，從遠處來了！看到之後，這個壽龍心想：「這沙門是聽說我死了嗎？怎麼敢來我的地盤呢？這是暫時的吧？先讓他來一下吧！」然後，具壽善來尊者就來了，他把濾水囊和缽放在一旁，抖了抖袈裟，而且洗了雙足，開始擦手、濾水，然後拿了一些落葉鋪在地上，就坐著開始用齋了！ 13'54"

講次0107
善來阿羅漢的故事（六）

　　具壽善來尊者用完齋，發現沒什麼動靜，心裡想：「哎呀，這個惡龍如果不去惱怒牠的話，是無法調伏的。而這是個惡龍，應該令牠惱怒。」於是就洗了鉢，故意地把洗鉢水倒進了那個池子裡面。結果那條菴婆壽龍馬上就惱怒了，心裡想：「這個沙門來到這裡，還在這裡吃飯，我都放過他，他竟然還敢藐視我，都在我的地盤裡倒洗鉢水了！看來這個沙門是極不安分的！」牠憤而騰躍上空、發大雷聲，就在善來尊者的上方，用神通降下了獨股金剛杵、劍輪、標槍，還有飛鏢等等各式各樣的武器。就是開始發瞋心了嘛！可是由於善來尊者入了慈心定，所以牠那些武器居然都變成了天界的鄔波羅花、鉢曇摩花，還有拘牟陀花，還有芬陀利花，就落在了善來尊者的身上。01'43"

《廣論》段落
奢摩他校訂本：P89-L10 ～ P90-L5 前說正定……彼二而修。
福智第三版：P375-L2 ～ P375-L6 前說正定……二邊而修。

　　接著，菴婆毒龍又降下了火燼之雨——火燼就是火炭，火炭之雨。大家可以想一想，一個火炭落在一個凡夫的身上那都是無法忍受的，一定會燒個洞，那個火炭像雨一樣密集，是多麼地慘烈！但是對於具壽善來尊者這位阿羅漢來說，又能奈他何呢？尊者又入了慈心定，所以那些火炭又都奇妙地變成了天界的曼陀羅花，緩緩地飄落在善來尊者的身上，好像在讚美他一樣。02'23"

　　接著，這個毒龍——大家想一想，看到這一幕牠會更生氣——牠就降下了灰塵之雨。那種灰塵不知道會不會像現在火山噴發的火山灰一樣，下來是很濃烈的，會讓人窒息。但是可以傷害到善來阿羅漢嗎？不會的。由於善來尊者又入了慈心定，那些灰塵又變成了天界的沉水香末，還有檀香香末、漢地香末、多摩羅葉香末等等，落在了善來尊者的身上。有沒有發現，全部變成香末了？注意喔！那個是天界的香末。03'02"

　　到此毒龍會屈服嗎？還不屈服！菴婆毒龍以更憤怒的力量吐出了濃煙，然後具壽善來尊者也以神變之力吐出濃

煙；菴婆毒龍以憤怒的力量噴出火焰，具壽善來尊者則進入了火界定。這邊打得非常激烈！當時由於菴婆毒龍那個憤怒的力量，以及具壽善來尊者的神變的力量，他們就發出了強大的亮光，可能天都照亮了。03'40"

這個時候失收摩羅山的婆羅門和長者們就發現了！他們就說：「哎呀！聰明的人們，這就是世尊在調伏菴婆毒龍啊！」而這個時候世尊告訴比丘說：「比丘們啊，在我這些再再入火界定的聲聞比丘中，這位善來比丘是最為第一的！」世尊在讚美善來阿羅漢。04'06"

再回到戰場——等菴婆毒龍用盡了一切的武器，都沒有達成傷害善來尊者的目標，接著牠怎麼辦呢？就是三十六計——逃啊！就開始逃跑。這個時候善來尊者就全面地變化出火焰，菴婆毒龍發現到處都是火焰，就只有具壽善來尊者的跟前是平靜的。這位尊者以外，全都都是周遍熾燃的火焰、極為熾燃的火焰、遍極熾燃，火跟火焰都成為一體了，全部都是火！沒辦法了！牠就只能去具壽善來尊者的跟前，向善來尊者開始說了：「大德善來，你為何要

欺負我呀？」尊者就回答道：「老人家呀，可不是我欺負你，是你欺負我呀！如果我還沒有獲得這般的功德的話，你現在就會讓我除了名字什麼都剩不下了吧！」毒龍說：「大德善來，那您到底要我做什麼，您就請賜教！」尊者說：「賢首，來吧！跟我來吧！去世尊面前皈依、接受學處吧！」05'35"

然後具壽善來尊者就將這個毒龍怎麼了？收進了缽裡！大家可以想一想：一條憤怒的毒龍，上天入地這樣地吐火，有時候吐煙，就這樣乖乖地被收進了阿羅漢的缽中！一般的戰鬥戰敗了之後就要接受處罰，可是這條毒龍被善來尊者就帶到了世尊的所在之處——牠的福報來了！06'08"

善來尊者就頂禮了世尊的雙足，然後坐在一面，開始啟白世尊說：「世尊啊！我的缽裡就是那個菴婆毒龍啊！」06'22"

這個時候可能毒龍就出來了，世尊就對毒龍說：「賢

首,你先由於過去的惡行,現在投生在畜生的惡劣生處,暴惡凶殘、雙爪腥紅,進行擊刺、猛利擊刺,奪取他人的性命,還有指使斷人的性命,你依靠斷人的性命而存活。所以你想一想,從這裡死了之後,你會去哪裡呢?你的生命會變成什麼樣?你想過來生會變成怎樣嗎?」這個時候這個毒龍良心發現,開始害怕了,說:「世尊啊!那我該怎麼辦呢?請賜教誨吧!」佛陀說:「賢首,你來吧!在我面前皈依、接受學處,並對失收摩羅山的婆羅門和長者們施與無畏吧!」毒龍說:「世尊,那我這就在您面前皈依、接受學處,並且從此以後都對失收摩羅山的婆羅門和長者們施予無畏!」07'45"

失收摩羅山的婆羅門和長者們聽到了消息嘛,也知道了,就拿著許多供品來到世尊所在之處,頂禮世尊的雙足,坐在一面。坐在一面之後,失收摩羅山的婆羅門和長者們就開始啟白世尊說:「世尊啊!世尊您調伏了菴婆毒龍嗎?」世尊說:「我沒有調伏菴婆毒龍,是善來比丘調伏了菴婆毒龍。」然後婆羅門和長者們就說:「世尊啊!是哪一位善來比丘呢?」佛陀說:「失收摩羅山浮圖長者

的兒子善來啊！」哇！於是就有人說道：「哎呀！那是我們的姪子啊！」還有人說到：「啊！那是我們的外甥啊！」還有人說道：「哎呀！那是我們的舅舅啊！」還有人說道：「哎呀！那是我們從小結交的朋友的兒子啊！」接著大家就把許多供品很歡喜地獻給了善來尊者。08'52"

然後，失收摩羅山的婆羅門和長者們就從座位起身，偏袒右肩，向世尊合掌禮敬，啟白世尊說：「希望由於大德善來，世尊和比丘們在我們的園子裡，享用我們供養的供齋七天吧！」世尊就默許了失收摩羅山的婆羅門和長者們。大家知道世尊默許之後，就頂禮佛足離開了。09'25"

晚上就開始準備供品了嘛！大家準備了種種上等美妙的飲食，鋪設坐墊。第二天天亮後，就派使者去啟白供養的時間，說：「一切都準備就緒了！就等著世尊和比丘們來了！」於是世尊在當天的早上，就和比丘們一起前往施主家陳設食物的地方了！婆羅門和居士們見到佛陀以及僧眾們坐好之後，開始種種上妙的飲食作供養，大家就用齋。等到佛陀及僧眾用完齋之後，做什麼了？大家就在佛

陀座前開始聽佛說法——第一天是這樣、第二天還是這樣，連著七天都是這樣。10'24"

這個時候有一位婆羅門，他是善來的父親生前的一個老朋友。他本來也有一些功夫，他是要下咒然後對付毒龍的。結果這條毒龍太厲害了，他就很害怕，因為害怕毒龍就逃跑，自己跑到了室羅伐城，而且改名換姓住在那裡，怕被那個毒龍找到。那個時候勝光王還立他為管理大象的大臣。這個人正好有事情就來到了山下，他聽說了善來尊者降伏了毒龍，你想他該多高興啊——他因為這個就逃跑了嘛——所以他就來到了善來尊者跟前，頂禮了尊者的雙足說道：「聖者呀！我們遇到恐怖的危害大多設法就逃避了，今天聽說大德您發起了悲憫心為民除害，真是太歡喜了！我想供養您，希望您慈悲應允，明天來我這兒應供可以吧？」善來尊者本來是不答應的，然後婆羅門就再次地請求說：「如果不行的話，就盼著大德您回到室羅伐城之後，能最先接受我的供養。」善來尊者想了一下，就慈悲他答應了。11'54"

等到山下的那些施主們供養佛陀和僧眾七天已經都滿了，大家就禮拜佛陀、聽聞妙法，然後世尊為他們宣說了種種的法要——開示、教誡、讚歎、令生歡喜心。在這場法會中，有無量的有情去除了疑惑，獲得了殊勝的果位。是不是很羨慕啊，好好地發願喔！ 12'24"

於是佛陀和僧眾們就離開失收摩羅山了，回哪兒去了？就輾轉要回到室羅伐城了。12'32"

回城那天，輪到給孤獨長者了，就到佛陀座前頂禮佛陀的雙足，坐在一面。這時候世尊就為他說法，說完法以後便默然安坐。那時候給孤獨長者就起身說道：「世尊啊！希望佛陀和僧眾明天來我家接受我微薄的供養。」世尊便默許了，長者知道後就禮拜而去。13'03"

這個時候，那位管理大象的婆羅門，就來到善來尊者跟前說到：「聖者啊！我先前已經先邀請了，如果回到城裡就先接受我的供養。」然後善來就啟白了佛陀。佛陀說：「你之前已經接受了，今天是該去的啊！」於是善來

尊者就去了那位婆羅門家裡面。這時婆羅門就以上妙的飲食至誠地供養，讓善來尊者應供之後，得以飽足。13'38"

故事講到這裡，大家有沒有發現，善來的命運在此生喔、在當生徹底地發生了翻轉！原來是在乞丐群裡都要不到吃的、都不讓他，現在是眾人爭相供養他。原來在乞丐群裡常常哭泣，大家都不要他跟隨，一個人到處被嫌棄、被欺負，乞丐都嫌他沒有福報。現在看看，跟著佛陀和僧眾，是偉大的、降伏毒龍的聖者阿羅漢！14'24"

講次0108
善來阿羅漢的故事（七）

　　比丘們看見這樣的事情，都心生疑惑，就請問世尊道：「善來比丘之前是造了什麼業，出生在有錢安樂的家庭？後來又遭受貧窮困苦，長時間地當乞丐，而且還被叫做『惡來』，還被同伴們丟進了垃圾堆裡？又是造了什麼業，值遇了世尊您，斷除了所有的煩惱，得到了阿羅漢果？」00'52"

　　佛陀就開始告訴比丘們說：「你們好好聽啊！比丘們，善男子善來造集的業，因緣聚合時，像山洪一般誰也無法阻擋，必定會出現結果。善來自己造集的業，難道會由其他人來各別承受嗎？比丘們，已經造集的業，不會成熟在外在的地界、不會在水界、不會在火界，也不會在風

《廣論》段落
奢摩他校訂本：P89-L10 ～ P90-L5 前說正定……彼二而修。
福智第三版：P375-L2 ～ P375-L6 前說正定……二邊而修。

界；所造集的那些善不善業，會成熟在士夫所攝持的蘊、界、處。假使經百劫，所造業不亡，因緣會遇時，果報還自受啊！」01'48"

於是世尊就開始宣說善來尊者往昔的故事。世尊說：01'55"

「往昔在沒有佛陀出世的時候，有一個獨覺出現在世間，他心懷悲憫，但是不開口說法。那個時候有一位長者，有一天到他的花園裡邊休憩玩樂。當時這位獨覺聖者示現疾病纏身，為了乞食，穿著破衣爛衫進入了他那個華麗的花園。結果長者看見了就非常地不高興，不高興到什麼程度呢？竟然到達了心裡無法容忍的程度！就告訴僕人說：『這個惡來，不容許他進我的花園！』然後僕人看到那個又貧、又病的獨覺就心生悲憫，沒有立刻上前驅趕。結果長者無法容忍，竟然自己上去，居然掐住了那個獨覺的脖子，把他推進了垃圾堆裡。然後對他說：『你怎麼不去跟乞丐為伍，到我的花園裡做什麼！』」03'13"

　　這個時候，大家可以想一想，他不認識獨覺，獨覺知道自己是聖者呀！「所以他想：『這位煩惱強猛現行的長者，如果太過瞋怒就不好了，要拯救他呀！』於是這個獨覺聖者就像鵝王展翅一般湧上了虛空，示現了熾燃、照耀、降雨，還有放電等等十八種神變。」大家可以想像那種場景，「一個凡夫啊，看見了神通、神變這種事情，就會立刻傾心於神變的功德。」大家可以想想，應該馬上就嚇到了，而且開始生起悔心了。04'07"

　　「所以那位剛才發瞋恨心的長者像什麼？就像一個從根截斷的樹一樣，遠遠地拜倒在獨覺聖者的腳下，大聲地說：『善來！聖者！您是真實的福田啊！希望您下來，可憐我這個不識賢聖的鄙人，接受我的懺悔，別讓我萬劫不復、受苦沉淪啊！』這時候因為獨覺聖者是在虛空中，他看到這個長者真心誠意，然後就從虛空中下來了。下來之後，長者行禮以後，就為他準備了種種上妙的飲食、鮮花、薰香等等，來供養這位獨覺，並且悔除自己的惡業。然後就發弘誓願，說：『願我今天所作供養的善根，在未來世生在大富人家，值遇殊勝無上的導師，承事善知識心

無厭倦，讓我開悟，趣入解脫之門！』」05'18"

佛說到這裡的時候，就說：「比丘們啊！那個時候的長者是誰呢？就是善來！他曾經傷害損惱了獨覺，而且把獨覺叫惡來，又把他推進了垃圾堆。因為這樣的業力，他五百生中一直都當乞丐，而且被人們叫做惡來，還會被同伴丟進了垃圾堆裡面。又由於往昔供養發願的力量，他都生在大富人家，而且在我的教法中出家，斷除煩惱，成為了阿羅漢。比丘你們自己所作的業還要自己承受，果報是不會消失的，所以你們應當修種種的善行，千萬別造惡業，這些都要好好修學啊！」06'21"

到此處，我們也可以想一想：那個長者對獨覺聖者不恭敬的時間，比起五百生來說應該是非常短暫的；推他進了那個垃圾堆裡一次，結果五百生都重複地被推進了垃圾堆裡；他叫那個獨覺惡來，結果五百生中他都被人輕視，並且被叫惡來；他看到獨覺那個樣子，分辨不出來凡夫和聖者，結果把獨覺當成了乞丐，然後自己五百生中都成為真正的乞丐。那就是對具力業門造下的業呀！就一定會感

得非常可怕的那個作已增長的業。07'23"

　　而且那個長者，有沒有記得？他懷著瞋心，還用手掐住獨覺聖者的脖子，把他推進那個堆裡面。其實照理來說，這樣的惡業應該會導致墮落三惡趣的，但經典裡沒有這樣記載，不知道是不是因為懺悔得力，淨化了墮落三惡趣的惡業？但是我們看到就是轉生到人道了之後，還要背負著這樣的惡業，時間好漫長啊！五百生，非常地難熬啊！已經痛苦到快活不下去了，快餓死了！而且被大家欺負，就只能哭泣！08'02"

　　但是反過來，他供養獨覺聖者的善業有沒有成熟？也成熟了！當初他發願說：「願我今天所作供養的善根，在未來世生在大富人家。」而且說：「值遇殊勝無上的導師。」對不對？他值遇佛陀了！還有，「承事善知識心無厭倦，讓我開悟，趣入解脫之門！」開悟了，成阿羅漢了！這樣的善業也成熟了，所以才能值遇佛陀。所以善、惡業，有沒有發現是別別成熟的？08'38"

我也在想我自己呀！我想我們。啊！用怎樣的眼睛能夠辨別凡聖啊？就一雙俗眼睛，看不出來呀！如果到處觀過、到處看不起別人，就從眼睛看出去這種感覺來下定義的話，萬一碰到一位聖者，大家想想那還能要嗎？造完了惡業之後自己是不知道的，因為不知道眼前人是誰呀，所以就終其一生連懺悔的機會都沒有，那真叫萬劫不復啊！所以在身口意對境的造業上不可不慎啊！不可不慎！09'35"

接著，弟子們又請問佛陀說：「世尊，具壽善來造了什麼業？由於這樣的業的異熟，被世尊宣稱為再再入火界定的眾中最為第一？」你們也有這個問題吧？09'57"

聽佛陀的回答。說：「這也是由於願力。在哪裡發願的呢？比丘們，在往昔過去賢劫，那個時候人們的壽命能活到兩萬歲的時候，有導師迦葉如來、摧敵者、正等覺、明行足、善逝、世間解、調御丈夫無上士、天人師、佛、世尊出世，並安住在瓦拉納西的仙人論處鹿野苑。善來就在那位佛陀的教法中出家，而度他出家的那位比丘，被迦

葉如來正等覺宣稱為再再入火界定的眾中最為第一——就是他的老師。10'49"

　　當時善來畢生行持梵行，可是卻沒有獲得任何的功德，結果到了臨命終的時候，他就發願說：『我在薄伽梵迦葉如來正等覺無上福田尊前，畢生行持梵行，卻沒有獲得任何功德。薄伽梵迦葉如來正等覺，為釋迦佛的前生殊勝婆羅門童子曾經授記，說：「婆羅門童子，你在未來人們壽命能活到百歲的時候，將成為如來、摧敵者、正等覺、明行足、善逝、世間解、調御丈夫無上士、天人師、佛、世尊（薄伽梵），名為『釋迦牟尼』。」我願以此生畢生行持梵行的善根，在釋迦牟尼佛的教法中出家，斷盡一切煩惱，現證阿羅漢，如我的親教師被薄伽梵迦葉如來正等覺宣稱為：再再入火界定的眾人中的最為第一，我也希望被那位薄伽梵釋迦能仁、釋迦獅子、釋迦王中之尊，宣稱為再再入火界定的眾中最為第一的那個弟子。』他就是由於那個願力，現在就被宣稱為再再入火界定的眾中最為第一。」12'36"

講到這裡，稍停一下，我們可以想一下。善來尊者在那一輩子，他一輩子行持梵行卻沒有什麼修行的成就，這種狀況到臨命終的時候，有的人就會生起不好的念頭。而善來尊者在那個時候，他的示現就是把他一生的梵行，按照教導他的那個佛陀授記釋迦佛的前生那個童子，迴向他能夠遇到釋迦佛。所以看看持戒的力量有多大！這個梵行的戒律，他就把所有的這些善迴向。13'23"

有的時候我們會想：「啊！我好好努力地持戒，可是我此生好像也沒有獲得什麼修行的功德，也沒有什麼成就。」但是你拿這樣的戒、你拿這樣的梵行去迴向的話，那個結果就會出現。你說這是不是戒善的力量？他是比丘！而且他也是想像他的老師一樣成為第一──入火界定第一。他就是用那個火界定最後把毒龍降伏的。沒有追悔自己所造作的善，也沒有抱怨說：「唉呀！我這麼努力修行，這麼一生持梵行我沒有什麼成就。」都沒有抱怨，而是拿自己所造的善迴向，這是我們都該學習的。接著我們再回到故事中。14'15"

佛陀繼續說：「比丘們啊！既然如此，純黑業的異熟是純黑的，純白業的異熟是純白的，雜業的異熟也是相雜的。比丘們，所以要斷除純黑業和雜業，致力於純白業！比丘們，你們要這樣修學呀！」14'40"

佛陀叮囑比丘們要這樣修學，那麼自許為佛弟子和修行者的我們，一起學習了這一篇之後，內心中可有觸動？對自己的生命要做一些什麼樣的改變呢？尤其是對於業果認知的部分，就像佛陀說的：「純黑業的異熟，它感得的就是純黑的；純白業的異熟，它也是純白的；那雜業的異熟，也是相雜的。應該斷除什麼？要斷除純黑和相雜的，應該努力地修什麼？要修純白的業呀！」因為純白的業才會有純淨的快樂，不會被痛苦染雜。15'29"

我們在人世間修行也好、生存也好，常常覺得身不由己呀！好像被大環境左右，或者被自己周圍的人左右。好像快樂的原因並不在自己的手裡，快樂的主宰也不在自己的手裡，被這個大環境推著，好像走向一個不可知的未來。但是有沒有發現，前面說那個業成熟在哪兒？不是成

熟在別人頭上，是成熟在自己的蘊、界、處。所以命運之手是誰？到底是誰？是不是自己的身語意呀！ 16'15"

身處於這樣的一個大環境中，我們真的對現在和未來無能為力嗎？我們有沒有責任要為自己打造一個美好的未來呢？要打造一個什麼樣的未來呢？當下可以努力嗎？要怎麼努力呢？是不是要從深信因果，諸惡莫作，眾善奉行開始，而且要自淨其意，學出離心、菩提心、空性，要學習大悲心、無害行等等這一切，從聽聞軌理到親近善知識開始。有沒有發現？我們已經走上了造集純白善業這樣的一個路——由於善知識的引領，由於美好的佛教。所以大家要好好珍惜自己當下的緣起，珍惜這一世的暇滿人身或暇滿的隨順，為自己打造一個輝煌的未來——珍惜當下！
17'28"

謝謝！ 17'29"

廣論止觀初探

各講次與廣論段落對照表

講次	章節	標題	音檔長度	奢摩他校訂本 頁／行	福智第三版 頁／行
0072		認識掉舉	11'11"	P70-L6 ～ P71-L8 第三、註所緣後……非是掉舉。	P365-L9 ～ P366-L4 第三住所緣後……皆是掉舉。
0073		辨明昏沉與相似沉沒	13'20"	P71-L9 ～ P73-L5 沉者，眾譯……明說沉相。	P366-L5 ～ P367-L1 沉者亦譯……明說沉相。
0074		認識沉沒	15'07"	P73-L5 ～ P73-L8 沈沒有二……非為完足。	P367-L1 ～ P367-L3 沈沒有二……非為完足。
0075	修習對治細不知沉掉	從體驗上細心覺察沉掉	13'30"	P73-L8 ～ P74-L5 掉舉易了……覺了正知，	P367-L4 ～ P367-L8 掉舉易了……預為覺了。
0076		沒有正知則無法覺察沉掉	12'41"	P74-L5 ～ P74-L10 《修次》中、下……沈掉耗時	P367-L8 ～ P367-L11 修次中下……沈掉耗時。
0077		生起正知的二種方法	14'17"	P75-L1 ～ P76-L2 若爾，正知……護正知相。」	P367-L11 ～ P368-L5 正知云何……護正知相。」
0078		善加辨別正念與正知的作用	12'54"	P76-L2 ～ P77-L1 故此能生……極大過失。	P368-L5 ～ P368-L11 由此能生……最大過失。
0079	修習對治細已不為斷彼勤加功用	思心所的作用	11'03"	P77-L1 ～ P77-L9 以若如是……斷彼之思。	P368-L11 ～ P369-L3 若心成智……斷彼之思。

講次	章節	標題	音檔長度	奢摩他校訂本 頁／行	福智第三版 頁／行
0080		減除沉沒的方法（一）	13'20"	P77-L10 ～ P78-L4 若爾，如是……取相而修。	P369-L4 ～ P369-L6 為斷沈掉……所緣而修。
0081		減除沉沒的方法（二）	12'33"	P78-L4 ～ P78-L6 如《修次初篇》……向內攝因故。	P369-L6 ～ P369-L8 如修次初編……向內攝故。
0082		減除沉沒的方法（三）	10'41"	P78-L6 ～ P79-L5 又以觀慧……令發覺受。	P369-L8 ～ P369-LL1 又以觀慧……已生感觸。
0083	修習對治知已不為斷彼勤加功用	減除沉沒的方法（四）	13'21"	P78-L6 ～ P79-L5 又以觀慧……令發覺受。	P369-L8 ～ P369-LL1 又以觀慧……已生感觸。
0084		減除沉沒的方法（五）	14'42"	P79-L6 ～ P80-L4 又生沈沒……後乃修習。	P369-LL1 ～ P370-L5 又沈沒所……後乃修習。
0085		減除沉沒的方法（六）	12'46"	P80-L4 ～ P80-L6 若見心取……諸光明相。	P370-L5 ～ P370-L6 若心所取……諸光明相。
0086		減除掉舉的方法（一）	11'40"	P80-L6 ～ P81-L6 《聲聞地》云……等引其心。	P370-L6 ～ P370-LL1 聲聞地云……應住其心。
0087		減除掉舉的方法（二）	13'24"	P81-L6 ～ P82-L6 《修次初篇》……應善執持。	P370-LL1 ～ P371-L6 修次初編……應善策舉。

講次	章節	標題	音檔長度	奢摩他校訂本 頁/行	福智第三版 頁/行
0088		辨識產生沉掉的因（一）	14'06"	P82-L6 ～ P83-L5 如《聲聞地》……不樂攀緣。」	P371-L6 ～ P371-LL2 如聲聞地……不樂攀緣。」
0089		辨識產生沉掉的因（二）	0'57"	P83-L1 ～ P83-L5 《本地分》云……不樂攀緣。」	P371-L10 ～ P371-LL2 本地分云……不樂攀緣。」
0090	修習對治知已不為斷彼勤加功用	辨識產生沉掉的因（三）	10'27"	P83-L5 ～ P84-L1 者……即如前說。	P371-LL2 ～ P372-L3 沈沒相者……如前廣說。
0091		不作行的過失	12'01"	P84-L2 ～ P84-L10 由是前說……決擇軌理。	P372-L4 ～ P372-L8 由是前說……三摩地之法故。
0092		交替修習住分及明分力	13'29"	P85-L1 ～ P85-L7 如是滅沈……而起希求。	P372-L9 ～ P372-LL1 如是滅沈……而起希求。
0093		離沉掉時勤奮是過失	14'00"	P85-L8 ～ P86-L6 第二、離沈掉時……應知放捨。	P373-L1 ～ P373-L6 第二離沈掉時……須知放緩，
0094	離沉掉時應如何修	修持令心放緩的等捨	11'32"	P86-L6 ～ P87-L6 此復是為……無沈掉時，	P373-L6 ～ P373-LL2 此是放緩……心已解脫。」
0095		「正斷」與「神足」的意涵	10'46"	P87-L7 ～ P87-L8 如是引發……修八斷行。	P373-LL2 ～ P373-LL1 如是引發……修八斷行。

講次	章節	標題	音檔長度	奢摩他校訂本 頁/行	福智第三版 頁/行
0096		五眼與六神通的意涵	12'12"	P87-L7 ～ P87-L8 如是引發……修八斷行。	P373-LL2 ～ P373-LL1 如是引發……修八斷行。
0097		五過失與八斷行（一）	11'13"	P87-L8 ～ P88-L3 由減五過失……滿一切義利。	P373-LL1 ～ P374-L4 由減五過失……能成一切義。」
0098		五過失與八斷行（二）	11'23"	P88-L3 ～ P88-L9 云何能生……說為六過。	P374-L5 ～ P374-L8 云何能生……是六過失。
0099		五過失與八斷行（三）	11'37"	P88-L9 ～ P89-L5 此等對治……故廣決擇。	P374-L8 ～ P374-LL2 對治此等……故廣決擇。
0100	離沈掉時應如何修	修習四神足的方法（一）	11'24"	P89-L5 ～ P89-L10 此乃一切……亦如是說。	P374-LL2 ～ P375-L2 此乃一切……亦如是說，
0101		修習四神足的方法（二）	08'45"	P89-L10 ～ P90-L5 前說正定……二邊而修。	P375-L2 ～ P375-L6 前說正定……二邊而修。
0102		善來阿羅漢的故事（一）	13'45"	P89-L10 ～ P90-L5 前說正定……彼二而修。	P375-L2 ～ P375-L6 前說正定……二邊而修。
0103		善來阿羅漢的故事（二）	19'43"	P89-L10 ～ P90-L5 前說正定……彼二而修。	P375-L2 ～ P375-L6 前說正定……二邊而修。

講次	章節	標題	音檔長度	奢摩他校訂本 頁／行	福智第三版 頁／行
0104		善來阿羅漢的故事（三）	11'17"	P89-L10 ～ P90-L5 前說正定……彼二而修。	P375-L2 ～ P375-L6 前說正定……二邊而修。
0105		善來阿羅漢的故事（四）	12'28"	P89-L10 ～ P90-L5 前說正定……彼二而修。	P375-L2 ～ P375-L6 前說正定……二邊而修。
0106	離沉掉時應如何修	善來阿羅漢的故事（五）	13'54"	P89-L10 ～ P90-L5 前說正定……彼二而修。	P375-L2 ～ P375-L6 前說正定……二邊而修。
0107		善來阿羅漢的故事（六）	14'24"	P89-L10 ～ P90-L5 前說正定……彼二而修。	P375-L2 ～ P375-L6 前說正定……二邊而修。
0108		善來阿羅漢的故事（七）	17'29"	P89-L10 ～ P90-L5 前說正定……彼二而修。	P375-L2 ～ P375-L6 前說正定……二邊而修。

廣論止觀初探 第三卷 學奢摩他法二

造　　　論	宗喀巴大師
講　　　述	真　如
文 字 整 理	釋如宏、釋如吉、釋如密、釋性由、釋性華、釋如法、 南海尼僧團法寶組法師
文 字 校 對	王淑均、黃瑞美
責 任 編 輯	朱以彤
美 術 設 計	吳詩涵、王瓊玉
排　　　版	華漢電腦排版有限公司
印　　　刷	科樂印刷事業股份有限公司

出 版 者	福智文化股份有限公司
地　　址	105407 臺北市松山區八德路三段 212 號 9 樓
電　　話	(02) 2577-0637
客服 Email	serve@bwpublish.com
官 方 網 站	https://www.bwpublish.com
粉 絲 專 頁	https://www.facebook.com/BWpublish

總 經 銷	時報文化出版企業股份有限公司
地　　址	333019 桃園市龜山區萬壽路二段 351 號
電　　話	(02) 2306-6600 轉 2111
出 版 日 期	2023 年 3 月初版一刷
定　　價	新台幣 480 元
I S B N	978-626-97018-0-3

國家圖書館出版品預行編目(CIP)資料

廣論止觀初探. 第三卷, 學奢摩他法二 / 宗喀巴大師
造論 ; 真如講述. -- 初版. -- 臺北市 :
福智文化股份有限公司, 2023.03
　　面 ；　公分
ISBN 978-626-97018-0-3 (平裝)

1.CST: 藏傳佛教　2.CST: 注釋　3.CST: 佛教修持

226.962　　　　　　　　　　　　　　　111022328